CUISINER ET MANGER ÉCO-RESPONSABLE

Sauver la planète à coups de fourchette !

CUISINER ET MANGER ÉCO-RESPONSABLE

Sauver la planète à coups de fourchette !

François Pasteau

Textes de la première partie
Emmanuelle Jary

Photographies
Frédéric Lucano et Jean-François Mallet

SOMMAIRE

PRÉFACE 7

Introduction d'Emmanuelle Jary 8

Gaz à effet de serre, empreinte carbone,
ça veut dire quoi ? 9

LES GRANDS PRINCIPES 11

La saisonnalité 12

Comment choisir un produit de la mer
durable ? 13

La proximité 14

Les modes de production 16

Agroforesterie 17

Les produits BIO 18

Parole d'expert, Jacques Caplat 19

Les courses 20

Lutte contre le gaspillage 22

Le tri 26

Le carbone 28

LES VIANDES 31

Le poulet 35

- Poulet rôti au curcuma, pommes de terre,
  carottes et oignon blanc 36
- Salade de poulet (de la veille),
  courgettes confites et coriandre fraîche ... 38
- Bouillon de poulet, blettes de couleur
  et restes de viande de la carcasse 40

Le canard 43

- Filets de canette caramélisés,
  pommes de terre paysannes 44
- Cuisses de canette, bouillon et carottes
  multicolores 46

Le bœuf 49

- Bouillon de bœuf au raifort 50
- Fricassée de légumes d'hiver
  et onglet de bœuf façon thaïe 52

LES POISSONS 54

Parole d'expert, François Pasteau 57

Le lieu jaune 61

- Lieu jaune, risotto à l'orange 62
- Émietté de lieu jaune, ratatouille 64
- Restes de lieu jaune, crème de cocos
  paimpolais au curry, morceaux de fenouil .. 66

Le mulet noir 69

- Filet de mulet noir, poêlée de chou
  aux fruits du mendiant 70
- Œufs de mulet aux aromates façon
  Tarama, semoule de pain rassis 72
- Compote de chou au curry,
  tuiles de peau de mulet noir 74

La Saint-Jacques 77

- Nage de céleri et carottes à la coriandre,
  poêlée de noix de saint-jacques 78
- Poêlée de corail de Saint-Jacques,
  chips de peau de topinambour 80
- Velouté chaud de Saint-Jacques,
  mousseline de fanes de radis 82

LES LÉGUMES 85

Saisonnalité des légumes 86

Le poireau 89

- Blancs de poireaux,
  vinaigrette d'agrumes 90
- Verts de poireaux en beignet,
  radicelles frites, salade roquette 92

Colonne gauche	Colonne droite

La tomate 95
- Soupe de pépins de tomates aux olives et couteaux 96
- Chips de tomates, lentilles et œuf mollet plein air 98
- Chutney de courgettes et tomates 100

La salade 102

Saisonnalité des salades 103
- Laitue braisée aux légumes et lard fermier ... 104
- Tatin de salade, sauce mielleuse à la coriandre et chèvre frais 106

Le salsifis et la scorsonère 109
- Poêlée de scorsonères au beurre d'algues et escargots 110
- Salsifis façon risotto, chips de patate douce île-de-France 112

Le panais 115
- Purée onctueuse de panais à l'huile de noisette et noix fraîches 116
- Chips de peau de panais, fromage frais et hareng mariné 118

La pomme de terre 121
- Bouillon de haddock, pommes de terre nouvelles aux aromates 122
- Tarte au fromage frais, chips de pommes de terre violettes et blanches 124

Le fenouil 127
- Salade croquante de fenouil aux abricots secs et aux noix fraîches 128
- Mousseline de fenouil soupe froide de poisson 130
- Fenouil confit et pomme Canada rôtie au four 132

La courge 135
- Potimarron poêlé et ailerons de volaille 136
- Purée de potiron, poêlée de pleurotes et châtaignes torréfiées 138
- Peau de potimarron confite et pomme caramélisée 140

La carotte 143
- Velouté froid de carottes au gingembre, tempura de légumes d'hiver 144
- Crème froide de fanes de carottes et moules 146
- Chips de peau de carottes, jus de moules au curry et brandade de poisson froide 148

LES FRUITS 151

Saisonnalité des fruits 152

La fraise 155
- Nage de fraises à la verveine citronnée 156
- Marmelade de fraises et muesli 158
- Gelée de queues de fraises 160

La pomme 163
- Compote de pommes et trognons aux amandes torréfiées, fromage frais au citron vert 164
- Gelée de pommes aux marrons glacés 166
- Verrine de pommes acidulées, lentilles confites et panais au citron vert 168

Le melon 171
- Nage de melon à l'anis vert 172
- Panna cotta et peau de melon confite 174

La clémentine 177
- Clémentines corses et compote de pommes au Grand Marnier® 178
- Nage de clémentines corses au curcuma et peau de clémentine confite, accompagnée d'un cake de voyage de mon ami Nicolas Boussin (MOF pâtissier) 180

La poire 183
- Poires rôties en croûte et chapelure aux épices 184
- Blanc-manger aux poires tapées et brisures de spéculoos 186

Pour aller plus loin 188

Index des recettes 190

PRÉFACE

À mes deux enfants, Chloé et Siméon

Cet ouvrage n'est pas un simple livre de recettes. Même si elles sont nombreuses, goûteuses et faciles à réaliser, elles sont là pour prouver que nous pouvons réaliser une cuisine savoureuse tout en étant attentifs à la planète, à notre santé et respectueux de l'humain.

La gastronomie se situe au carrefour de beaucoup d'enjeux. Elle prend sa source dans la terre et la mer, dans le lien quotidien avec les agriculteurs, les maraîchers, les éleveurs, les pêcheurs que je respecte profondément et qui doivent pouvoir vivre dignement de leur travail. Dans l'assiette, elle pousse à inventer afin d'offrir du bonheur aux convives, à imaginer les repas au rythme des saisons, à valoriser tout le produit pour limiter le gaspillage. Vous trouverez, au fil des pages, de multiples idées, astuces, conseils pour éviter de jeter et réaliser une sauce, une soupe, une confiture, un fumet, un bouillon avec ce qui, d'ordinaire, part à la poubelle : parures de viandes ou de poissons, fanes de légumes, peau des fruits…

J'ai souhaité m'adresser au consommateur que vous êtes pour vous dire que vous pouvez agir en cuisinant, que vous avez le pouvoir d'adopter des gestes « bons pour le climat », respectueux de l'environnement, des océans et de leurs ressources :
- en achetant des produits de saison et locaux ;
- en préparant des poissons issus de la pêche durable ;
- en consommant moins de protéines animales et plus de végétaux ;
- en privilégiant la qualité sur la quantité, ce qui permet de moins acheter et s'avère souvent fécond pour le porte-monnaie.

Avec mon équipe, à *L'Épi Dupin*, nous mettons en œuvre quotidiennement ces principes éco-responsables, en invitant toujours à table le plaisir de partager un bon repas.

J'ai voulu concevoir un livre qui invite à cuisiner malin sans jamais adopter un ton culpabilisant. Il dit combien l'envie est un moteur pour avancer et l'espoir un horizon motivant pour se familiariser avec de bonnes pratiques. En préparant vos repas et en cuisinant, votez trois fois par jour pour préserver le climat. Et régalez-vous !

François PASTEAU

INTRODUCTION

Tenter d'agir à titre individuel pour enrayer le processus de changement climatique, c'est une goutte d'eau dans l'océan, pourrait-on se dire. Et pourtant ! La somme des actions individuelles compte réellement.

En France, 50 % des émissions de gaz à effet de serre (GES) sont le fait des particuliers.

Les secteurs agricole et alimentaire (sans compter les importations) représentent un tiers des émissions de GES. Ceci comprend la production agricole pour moitié. Il faut ensuite emballer, transformer, transporter les produits vers les lieux de vente : 20 % des émissions de GES. Lorsque vous vous déplacez pour faire vos courses, vous polluez encore (11 % des émissions de GES). Cuisiner a aussi un impact sur l'environnement (consommation de gaz, d'électricité, d'eau…). On produit également des déchets qu'il faut ensuite traiter (7 % des émissions de GES)*.

Sans tomber dans la paranoïa ni oublier la notion de plaisir, il existe des solutions pour que notre alimentation quotidienne ait moins d'impact sur l'environnement.

Dans ce livre, nous souhaitons à la fois expliquer la situation et ses enjeux et donner des conseils clairs, pratiques et simples ainsi que des recettes astucieuses, délicieuses et durables pour que tous ensemble nous avancions vers un monde meilleur au sens écologique et gastronomique du terme.

*Source : Réseau Action Climat France.
www.reseauactionclimat.org

Emmanuelle JARY

GAZ À EFFET DE SERRE, EMPREINTE CARBONE,

ça veut dire quoi ?

C'est principalement la consommation énergétique qui a un impact sur le climat. On parle alors d'empreinte carbone pour désigner l'impact d'émissions de dioxyde de carbone (CO_2) sur l'environnement. Il s'agit donc d'un type de gaz à effet de serre. Mais, dans le domaine qui nous intéresse ici, la réalité est plus complexe. Il existe en effet différents gaz à effet de serre. Les trois principaux impliqués dans les secteurs agricole et alimentaire sont :

— le dioxyde de carbone lié à la consommation énergétique (consommation d'énergie sur la ferme, transformation, transport et commercialisation des aliments…) ;

— le protoxyde d'azote lié à l'épandage d'engrais azoté ;

— le méthane lié à la fermentation entérique des bovins (les fameux rots de vaches) et la présence de leurs bouses.

Si les GES sont un bon indice pour estimer l'impact environnemental d'un produit agricole et alimentaire, il existe d'autres critères à ne pas mettre de côté comme l'atteinte à la qualité de l'eau ou le respect de la biodiversité.

LES GRANDS
PRINCIPES

LA
SAISONNALITÉ

LA RÈGLE :
manger des produits de saison

On ne le répétera jamais assez, il faut manger des produits de saison. Pourquoi ? **Produire hors saison est plus polluant** car il faut cultiver sous serre chauffée pour reproduire les températures estivales. Une tomate qui a poussé en hiver est dix fois plus polluante que la même ayant poussé sous serre l'été, donc non chauffée. Mais, mieux que la serre, les légumes de pleine terre sont à privilégier car en plus d'être moins polluants à produire, ils sont meilleurs en terme de saveur. Des légumes qui poussent dans un « vrai » sol sont gorgés d'oligo-éléments qui donnent du goût aux aliments. En réapprenant à consommer en fonction des saisons, on réapprend le goût de chaque produit.

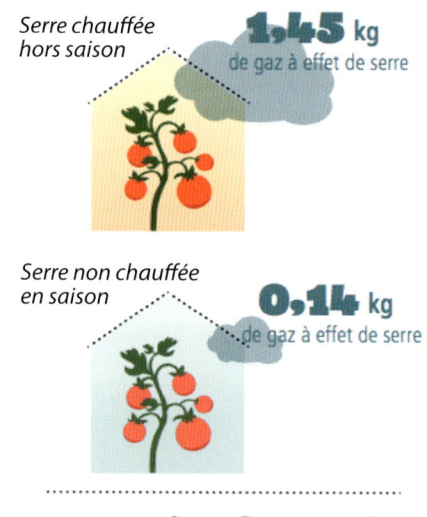

Source : Réseau Action Climat.
www.reseauactionclimat.org

**Si vous rêvez de tomates en hiver,
pensez à les mettre en conserve en été !**

À chaque saison, ses légumes. Plutôt que de manger des haricots verts en provenance du Kenya au mois d'avril, réservez ce légume pour le plein été, et référez-vous dans les tableaux de saisonnalité des légumes, fruits et salades aux pages 86, 103 et 152.

COMMENT CHOISIR UN PRODUIT DE LA MER DURABLE ?

LES BONNES QUESTIONS À SE POSER

S'agit-il d'un produit sauvage ou d'un produit d'élevage ?

Pour les produits de pêche (sauvages)	Pour les produits d'élevage
Le poisson que j'achète provient-il d'un stock en bon état (stock durable) ?	Dans quelles conditions les poissons ont-ils été élevés ?
Quelle technique de pêche a été utilisée (s'agit-il d'une technique respectueuse de l'environnement) ?	Est-ce que le produit est écolabellisé (AB) ?
Le poisson a-t-il eu le temps de se reproduire (a-t-il atteint sa taille de maturité sexuelle) ?	

LA
PROXIMITÉ

LA RÈGLE :
manger des aliments produits à proximité de votre domicile

Attention, c'est quitte ou double. Qui dit proximité ne dit pas forcément moins polluant. On vous explique pourquoi.

CÔTÉ PRODUCTEUR

Tout dépend du type de véhicule utilisé pour livrer la marchandise (camion, camionnette, voiture…) et de la logistique mise en place. Un producteur qui livre en camionnette sans la remplir et revient ensuite à vide à sa ferme n'aura pas un très bon bilan carbone.

Exemple :
– Un véhicule utilitaire léger de 3,5 tonnes qui transporte des colis (ce type de véhicule peut, par exemple, être utilisé par un producteur pour aller au marché) émet en moyenne : 1 068 g CO_2/t.km.
– Un ensemble articulé de 40 tonnes transportant des marchandises diverses sur une longue distance (ce type de transport peut être utilisé pour transporter des produits importés du port de déchargement à une plateforme logistique de supermarché, par exemple) émet : 84 g CO_2/t.km.

L'exemple de l'agneau :
Les consommations d'énergie liées au transport et à la distribution pour un agneau élevé en Nouvelle-Zélande et commercialisé en Allemagne et pour un agneau élevé en Allemagne et commercialisé localement en vente directe « sont plutôt comparables […] malgré de grandes différences dans les distances de transport » (chercheurs de l'université Justus-Liebig à Giessen), car les transports massifiés que sont les poids lourds et les cargos réduisent considérablement les émissions par kilo transporté. L'agneau néo-zélandais est dans cette étude transporté par bateau réfrigéré sur 20 000 km (le bateau retourne ensuite en Nouvelle-Zélande à plein), puis par poids lourd avec conteneurs réfrigérés sur 400 km (retour à vide). L'agneau allemand est, lui, transporté en camionnette par le producteur sur 100 km (retour à vide)*.

*Source : Commissariat général au développement durable.

CÔTÉ CONSOMMATEUR

17 % des émissions de gaz à effet de serre sont liés à la phase de transport.

Comment faire ses courses ?

Acheter près de chez soi, c'est bien, mais dès lors que l'on prend sa voiture, pas question d'acheter une barquette de fraises par ici, un peu de fromage par là, et ses poireaux dans une ferme encore un peu plus loin.

Le circuit court, la vraie définition :

Un circuit court signifie qu'il y a au maximum un intermédiaire entre le producteur et le consommateur. Ça n'a rien à voir avec le nombre de kilomètres parcourus par un produit. Le circuit de proximité signifie en revanche que la distance entre producteur et consommateur est réduite.

Les trois règles d'or pour des courses éco-responsables :

− Faire ses courses à pied, à vélo, en transport en commun.

− Si vous prenez votre voiture, privilégiez les points de vente comme les magasins collectifs de producteurs, les marchés de producteurs ou les Amap (Associations pour le Maintien d'une Agriculture Paysanne qui vendent des produits selon un système de paniers).

− Optimisez vos déplacements : une étude a montré que si l'on parcourt 1 km en voiture, il faut acheter au minimum 2,5 kg de produits pour être rentable écologiquement parlant*.

*Source : Solagro.

ET SI JE VEUX MANGER DES FRUITS EXOTIQUES ?

L'ananas, la mangue, les bananes ou les litchis, y ai-je droit?

Il est impératif de privilégier l'origine française d'un produit. Mieux encore, sa proximité géographique. Les cerises du Chili, on oublie. Pour les fruits « exotiques » qui ne poussent pas sous nos latitudes, une question se pose alors : par avion ou par bateau ?

− **Par avion :** le transport rapide permet de cueillir le fruit à maturité, ils sont donc meilleurs mais plus polluants.

− **Par bateau :** les fruits sont moins polluants mais aussi moins bons. À vous de choisir. Dans tous les cas, limitez leur consommation et choisissez-les bio.

Le transport aérien émet 14 à 40 fois plus de CO_2 que le train par kilomètre parcouru et par personne transportée*.

*Source : Réseau Action Climat.
www.reseauactionclimat.org

LES MODES DE
PRODUCTION

LA RÈGLE :
se renseigner sur l'origine des produits que l'on met dans son cabas concernant leur mode de production

Lorsque l'on souhaite sauver la planète à coups de fourchette, il est important de bien prêter attention à la façon dont un aliment est produit car c'est cette étape qui a le plus d'impact sur l'environnement.

Un agriculteur qui épand 100 kg d'engrais azoté sur 1 ha contribue autant à l'effet de serre qu'une voiture de taille moyenne qui fait 10 000 km.

Il faut tenir compte de la pollution en amont et en aval. Produire et transporter cet engrais pollue. Lorsqu'il est déposé sur le champ, il dégage énormément de protoxyde d'azote. Un gaz à effet de serre 300 fois plus nocif que le dioxyde de carbone (CO_2). Si le CO_2 participe au trou dans la couche d'ozone et au réchauffement climatique, les engrais azotés contribuent à acidifier les sols, à l'eutrophisation de l'eau (appauvrissement en oxygène et prolifération végétale par apport excessif d'éléments nutritifs provoquant un déséquilibre de l'écosystème), à la perte de la biodiversité et à la multiplication des algues vertes qu'il faut collecter chaque année. Tout cela entraîne un coût de dépollution important qui est estimé à plusieurs dizaines de milliards d'euros pour l'ensemble de l'Europe.

---

57 % des émissions de gaz à effet de serre de la chaîne alimentaire sont liés à la phase de production.

AGROFORESTERIE

L'agroforesterie consiste à associer sur une même parcelle arbres, cultures et élevage. Cette pratique très ancienne et présente dans de nombreux pays, fut abandonnée à partir des années 1950 avec le remembrement rural en France. On a coupé les arbres, les haies, pour pouvoir passer plus facilement les tracteurs et simplifier les travaux agricoles. Les avantages de l'agroforesterie sont pourtant nombreux. Meilleur rendement : on produit sur 1 ha agroforestier ce qu'on produirait sur 1,4 ha en cultures séparées. Autre argument : la qualité des productions est meilleure. La fertilité des sols est plus importante, les céréales protégées par les arbres sont plus riches en protéines.

L'agroforesterie permet de lutter contre le réchauffement climatique grâce à une capacité de stockage du carbone plus importante. Véritables filtres, les arbres réduisent la pollution des nappes phréatiques. Leurs racines en concurrence avec les cultures plongent profondément dans le sol et remontent des nutriments. Leur présence favorise la biodiversité : les chauves-souris sont de retour dans les parcelles autant que les oiseaux qui viennent y nicher. Grâce à la limitation des intrants et du travail du sol, on observe plus d'insectes dans la terre, notamment les carabes, prédateurs des limaces.

LES PRODUITS
BIO

LA RÈGLE :
du bio oui, mais pas n'importe lequel…

On a tout entendu en matière d'agriculture biologique.
À commencer par : ce n'est pas parce que c'est bio que c'est bon.
Mais bon pour qui, pour quoi ? Pour la planète ?
Pour le palais ? Ce n'est en effet pas toujours meilleur. Savez-vous pourquoi ?

BON BIO, MAUVAIS BIO
*Aujourd'hui, la réglementation européenne est moins exigeante
que celle de l'ancienne agriculture biologique française.*

L'exemple des volailles
Les poulets bio peuvent être abattus à 71 jours alors que le cahier des charges de la filière bio française autorisait un abattage à 81 jours minimum. Résultat, certaines volailles bio européennes sont moins bonnes que les volailles fermières non bio françaises.

La plupart des éleveurs de volailles bio français ont maintenu l'abattage à 81 jours à l'exception de certains industriels qui se sont engouffrés dans la brèche et proposent des poulets bio de 71 jours. Or c'est la durée de l'élevage qui donne sa saveur à une volaille. Elles ont donc gagné en label, mais perdu en saveur.

L'exemple des fruits et légumes
Il en va de même des fruits et légumes. Plus de la moitié des fruits et légumes bio consommés en France vient de l'étranger. Cultures intensives, sous serre, irriguées, hors sol… Pas étonnant que les fraises et les tomates, fussent-elles bio, n'aient plus de goût.

La réglementation européenne autorise désormais, 0,9 % d'OGM dans le bio, ce qui était strictement interdit dans les produits bio français.

Plus qu'une méthode culturale, l'agriculture biologique renvoie à un système de valeurs. Or une grande partie de ce que l'on appelle agriculture biologique aujourd'hui n'est en fait qu'une agriculture conventionnelle sans pesticide, selon les mots de l'agronome Jacques Caplat, grand défenseur de l'agriculture biologique.

CONTRER LES DÉRIVES

Face à certaines dérives, les producteurs français ont créé un label privé « Bio Cohérence » qui garantit l'origine hexagonale des produits et l'absence d'OGM.

PAROLE D'EXPERT

Jacques Caplat, agronome et ethnologue, référent « agriculture » pour l'association Agir pour l'environnement.

Peut-on nourrir la planète avec l'agriculture biologique ?

C'est ce qui peut le mieux nourrir le monde car c'est une agriculture qui est résiliente. L'agriculture biologique est en lien avec un territoire et s'adapte au milieu, cherche à optimiser les rayons du soleil grâce aux cultures associées. Elle produit forcément plus de biomasse. Or le rôle premier de l'agriculture, c'est de transférer l'énergie solaire en énergie assimilable par l'homme, sans quoi on ne mangerait pas. Toutes ces techniques font que l'agriculture biologique est extrêmement performante.
Le problème, c'est qu'elle est moins performante en Europe et en Amérique du Nord comparativement à l'agriculture conventionnelle pour deux raisons. D'une part, sur ces continents, l'agriculture conventionnelle fonctionne bien car on a des milieux tempérés.

D'autre part, on n'a pas de bonnes conditions de production en bio car ni les semences, ni les animaux sélectionnés ne sont adaptés à la culture biologique. Mais à l'échelle mondiale, les études qui ont mesuré les rendements réels, dans des fermes réelles, sur des milliers d'hectares et sur plusieurs années – et non pas des mesures de montages scientifiques hors sol comparant ce qui n'est pas comparable –, mettent en évidence que les rendements en bio sont même supérieurs aux rendements conventionnels.

Certains détracteurs disent qu'il faudrait alors défricher et que cela nuirait à la biodiversité…

C'est faux. Les résultats sont unanimes : à surface égale, les rendements de l'agriculture biologique sont supérieurs et il n'y a donc aucune raison de défricher quoi que ce soit.

Que répondre aux consommateurs qui trouvent que les produits bio coûtent chers ?

Ce ne sont pas les produits bio qui coûtent cher, mais ceux issus de l'agriculture conventionnelle qui sont vendus en dessous de leurs coûts de production. C'est une question de politique et de choix de société. Plutôt que de subventionner la dépollution liée à la production agricole conventionnelle, il faudrait verser des aides aux agriculteurs bio.

LES
COURSES

LA RÈGLE N° 1 :
choisir des produits frais, non transformés.

Il faut cependant faire une distinction entre de simples lentilles en conserve et des plats cuisinés, comme les lasagnes ou les viandes en sauce. Plus un plat est cuisiné, plus il sera impactant pour le climat.

La transformation des aliments par l'industrie agroalimentaire est très polluante, notamment pour la consommation d'eau, d'énergie et pour l'émission de gaz à effet de serre.

LA RÈGLE N° 2 :
limiter les emballages.

La fabrication des emballages et la transformation des aliments représentent 9 % des émissions de gaz à effet de serre du secteur agricole et alimentaire*.

*Source : Réseau Action Climat.
www.reseauactionclimat.org

VIVE LE VRAC

Plus un produit est emballé, plus il est polluant, à l'instar de ces gâteaux contenus dans une boîte en carton et enfermés individuellement dans un film plastique.

1 kg d'emballage plastique

=

1 kg d'émission de CO_2 (fabrication et incinération).

Stop au suremballage ! On évite aussi au maximum les doses individuelles.

Privilégiez les aliments en vrac. Les grandes surfaces sont de plus en plus nombreuses à proposer de la vente en vrac, de même que les magasins bio. Idéalement (mais c'est un idéal), vous venez avec votre bocal plutôt que d'utiliser un sac en papier pour acheter votre riz ou vos céréales. Vous pouvez aussi réutiliser ces sacs en papier plusieurs fois.

Si vous achetez emballé, privilégiez les gros contenants. Un gros pot de fromage blanc est moins polluant que 4 petits pots qui sont, de surcroît, parfois recouverts de carton.

– Prenez un bocal pour le vrac vendu en grande surface ou dans les magasins bio, mais aussi pour la viande ou le fromage.

– Prenez des sacs en papier réutilisables.

– Pensez à acheter en gros.

FAIRE DES ÉCONOMIES

Les produits en vrac et les gros contenants sont souvent de 10 à 40 % moins chers que ceux emballés*. Avec le vrac, on achète de surcroît uniquement la quantité souhaitée, ce qui peut permettre de goûter à certains produits qu'on ne connaît pas sans avoir à en acheter beaucoup, et d'éviter ainsi le gaspillage.

*Source : Zero Waste France.

FINI LES SACS
PLASTIQUES

En 2010, en Europe, 8 milliards de sacs plastiques ont été abandonnés dans la nature. C'est une calamité pour les faunes, notamment marines, qui les ingèrent.

Depuis le 1er juillet 2016, les sacs en plastique à usage unique sont interdits. C'est-à-dire ceux dont l'épaisseur est inférieure à 50 micromètres. Ce sont ces sacs transparents aux caisses des supermarchés ou ceux dans lesquels on met les fruits et légumes avant de les peser. Leur durée de vie est en moyenne de 20 min. Le temps de rentrer chez soi, de tout mettre au réfrigérateur et de les jeter. Il faut ensuite entre 100 et 400 ans pour les dégrader.
Les autres sacs en plastique continueront à être en circulation avec un marquage pour expliquer qu'on peut les réutiliser et ne surtout pas les jeter à tort et à travers. Les sacs en papier ne sont pas forcément plus intéressants. Ils sont plus faciles à éliminer certes, mais les sacs en plastique seraient 80 % moins polluants à produire que le papier.

La loi prévoit à terme des sacs en plastique biodégradables et compostables de manière domestique. On met ses déchets organiques dans les sacs et on les enterre dans le jardin. Lorsqu'ils sont dégradés, on les utilise comme engrais pour le potager. Une bonne idée pour ceux qui ont un jardin. Pour les autres, on se retrouve avec le problème sur les bras.

La meilleure solution est donc d'utiliser des cabas, filets à provisions, paniers, chariot et des sachets en tissu pour les fruits, légumes, céréales, pain…

LUTTE CONTRE
LE GASPILLAGE

LA RÈGLE :
moins on gaspille, moins on pollue.

Le gaspillage alimentaire est mauvais pour la planète car les aliments ont été produits, transportés, distribués, puis traités sous forme de déchets pour rien. On a donc pollué pour rien. Tout ce qu'on jette à la poubelle a émis des gaz à effet de serre et en émettra encore.

En France, 10 millions de tonnes de déchets alimentaires sont produits par an.

LES FAITS

- Un tiers de l'alimentation mondiale est jeté. On émet par conséquent un tiers de gaz à effet de serre du système alimentaire et agricole mondial pour rien.

- 1 tonne de nourriture gaspillée émet 4,3 tonnes de gaz à effet de serre.

- Le gaspillage concerne autant les pays riches que les pays en voie de développement*.

- 10 millions de tonnes de produits sont perdues chaque année.

- Le gaspillage coûte 16 milliards d'euros par an.

- Les particuliers produisent 6,5 millions de tonnes de déchets, dont 1,2 million de tonnes de nourriture consommable, soit 20 kg par an par Français.

- La distribution produit 2,3 millions de tonnes et la restauration, 1,5 million de tonnes de déchets par an**.

- Le gaspillage dans les foyers coûte 108 € par an et par personne***. La France s'est engagée à réduire la moitié de son gaspillage d'ici à 2025.

795 millions de personnes meurent de faim dans le monde alors que nous produisons assez pour nourrir 12 milliards d'humains.

*Source : Réseau Action Climat.
www.reseauactionclimat.org
**Source : Ademe.
***Source ministère de l'agriculture.

QUI GASPILLE ?

Le gaspillage alimentaire ne concerne pas uniquement les pays développés, ni les particuliers. Cependant, 67 % du gaspillage alimentaire proviennent des ménages, 15 % de la restauration, 11 % des commerces et de la grande distribution, 6 % des marchés et 2 % de l'industrie agroalimentaire.

QUE JETONS-NOUS ?

- Fruits (19 %) et légumes (31 %) : 50 %.
- Liquides dont alcool et lait : 24 %.
- Féculents issus de restes de repas : 12 %.
- Viandes et poissons : 4 %.
- Plats préparés : 2 %.

LE GASPILLAGE

ET APRÈS ?

Toute cette nourriture gâchée qui a pollué pour être produite, on doit ensuite la traiter en déchet.

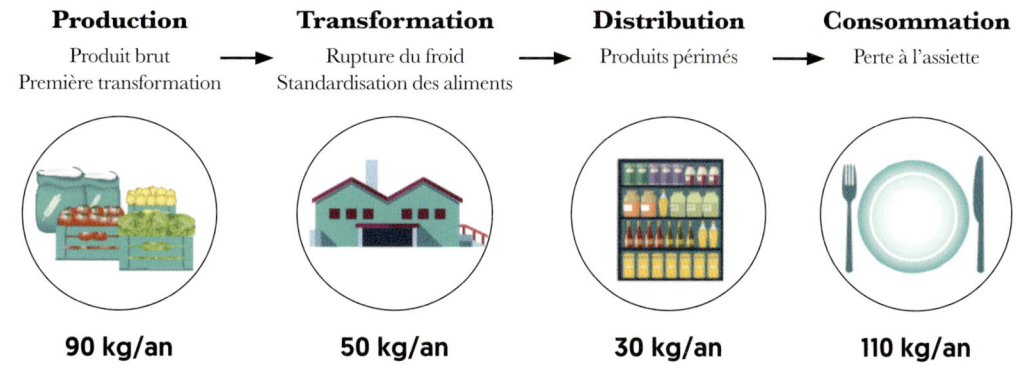

Production
Produit brut
Première transformation
→ **Transformation**
Rupture du froid
Standardisation des aliments
→ **Distribution**
Produits périmés
→ **Consommation**
Perte à l'assiette

90 kg/an   **50 kg/an**   **30 kg/an**   **110 kg/an**

Source : Réseau Action Climat.
www.reseauactionclimat.org

Avant de mettre n'importe quelle parure de viande, poisson, légume ou fruit à la poubelle, posez-vous la question : ne puis-je vraiment rien faire avec ? En prenant cette habitude, vous éviterez de jeter 30 % d'un fenouil à la poubelle, par exemple.

LES SOLUTIONS POUR ÉVITER LE GASPILLAGE

À L'ÉCHELLE INDIVIDUELLE

- S'il est préférable d'acheter de gros contenants pour éviter les déchets plastiques et carton, en matière de frais, il faut acheter en petites quantités car les produits frais sont plus vite périssables.
- Ne boudez pas les légumes moches ou non calibrés. S'ils ne sont pas achetés, ils seront jetés. Pire, ils ne sont bien souvent même pas mis en vente. À chacun de nous de les réclamer sur les lieux de vente.
- Au restaurant, demandez des doggy bags.
- Dans les cantines et restaurants d'entreprise, servez-vous plusieurs fois plutôt que d'avoir les yeux plus gros que le ventre et de laisser dans votre assiette des aliments qui seront forcément jetés.
- Faites des listes de courses de ce dont vous avez besoin chaque semaine.
- Adaptez les achats aux besoins du foyer.
- Cuisinez les restes (soupes avec légumes abîmés, pain perdu… Allez jeter un œil aux recettes de notre livre !).
- Donnez à vos voisins les produits bientôt périmés si vous partez en vacances, plutôt que de les jeter.
- Buvez l'eau du robinet plutôt que de l'eau en bouteille, et si vous avez besoin d'eau transportable (pour le sport par exemple), investissez dans une gourde.
- Achetez des contenants à compote réutilisables, si vous avez un bébé par exemple.

DES ASTUCES

POUR UNE MEILLEURE CONSERVATION DES ALIMENTS

- Emballez les champignons, l'ail et l'échalote dans du papier journal hors frigo.
- Lavez et placez dans une boîte la salade sitôt après l'avoir achetée.
- Transformez vos citrons en citrons confits : incisez-les en quatre, mettez-les dans un bocal hermétique en verre avec du gros sel et laissez macérer 3 semaines.
- Ne stockez pas les pommes avec les oignons, elles s'abîmeront plus vite !
- Congelez les jaunes d'œufs battus avec un peu de sel, vous pourrez ainsi les utiliser au fur et à mesure (pour faire dorer une brioche, par exemple !)
- Pour garder le pain frais, déposez une pomme dans la boîte à pain.

SAVOIR LIRE LES ÉTIQUETTES

DLC, DDM ET BON SENS

Sur 20 kg de nourriture jetés par an par personne, 7 kg concernent la nourriture emballée. Or on a tous déjà mangé un yaourt dont la date considérée comme limite était passée. Un peu de bon sens, on goûte, et on avise.

Sur les emballages, on distingue deux dates limites :

• La date limite de consommation (DLC) concernant les produits qui ne peuvent être commercialisés au-delà de la date indiquée, car leur consommation « présente un danger immédiat pour la santé humaine ». La DLC est apposée sur les produits frais comme les viandes, les poissons, les fruits coupés, les jus de fruits frais, les produits laitiers comme les yaourts, les fromages, la crème fraîche… Sur l'étiquette, on peut lire : « À consommer jusqu'au… »

• On trouve également la date de durabilité minimale (DDM) apposée sur les produits secs comme les gâteaux, les pâtes, le riz, le café, etc. Sur l'étiquette, on peut lire : « À consommer de préférence avant le… ». Bien souvent, si les produits sont fermés et conservés dans de bonnes conditions, on peut les consommer bien au-delà de la DDM indiquée. Parfois même jusqu'à un an après.

LE SAVIEZ-VOUS ?

Le « freeganisme » est un mouvement né aux États-Unis qui consiste en un mode de vie alternatif privilégiant la gratuité. Pour cela, les adeptes du freeganisme consomment les aliments périmés et jetés. On parle de régime alimentaire déchétarien, afin de lutter contre le gaspillage alimentaire et une vision de la société où « le temps, c'est de l'argent ».

À Paris, dans le 19ᵉ arr., la première cantine participative freegan a ouvert et propose des plats préparés avec les fruits et légumes invendus de Rungis. Elle s'appelle Freegan Pony, et c'est la première du genre en Europe !

SAUVEZ LES RESTES

Depuis le 1ᵉʳ janvier 2016, un nouveau volet de la loi contre les biodéchets impose aux restaurateurs hexagonaux de proposer des doggy bags. L'application de la loi s'impose aux établissements produisant plus de 10 tonnes de biodéchets, ce qui équivaut à 150/200 couverts. Dommage pour les plus petits établissements, mais rien ne nous empêche de les demander*.

*Source : Zero Waste France

LE
TRI

LA RÈGLE :
trier le plus et le mieux possible.

Mais où vont les déchets ?
Aujourd'hui, beaucoup de nos déchets peuvent être recyclés : cartons, papiers, plastiques, emballages métalliques, verre, biodéchets… Mais s'il y a trop d'erreurs dans une poubelle, son contenu ne sera pas recyclé, aussi il est important de bien se tenir informé pour ne pas se tromper.

Que sont les bio déchets ?
Les épluchures de légumes, le pain rassis, le marc de café, le thé, les noyaux, les pépins et même les fleurs fanées sont des bio déchets. Ils représentent un tiers des ordures ménagères.
Pour les supprimer, deux méthodes : on les enfouit dans une décharge ou on les brûle dans un incinérateur.
Incinérer pollue puisque cette activité produit, entre autres, du méthane et des dioxines. De plus, les déchets incinérés ne disparaissent pas entièrement. Sur 1 000 kg d'ordures incinérées, il reste 300 kg de résidus solides, 40 à 80 kg de résidus d'épuration de fumées et 3 000 m^3 de fumées.

Source : Zero Waste France.

Sur 470 incinérateurs en Europe, 128 se trouvent en France.

La solution : le compost
Un déchet alimentaire fermentescible est plein d'eau ; s'il n'est pas recyclé en compost, il est brûlé. Or brûler un élément plein d'eau, c'est ce qui coûte le plus d'énergie à un incinérateur, et donc pollue le plus.

On distingue deux types de déchets alimentaires fermentescibles :

• Les déchets alimentaires gâchés : la pomme qu'on a laissé pourrir. Solution : mieux gérer ses achats pour éviter de gaspiller.

• Les déchets alimentaires fermentescibles non gâchés comme le trognon de pomme. Solution : ce déchet est inévitable ; pour qu'il pollue le moins possible, il faut le composter.

Deux possibilités pour composter :

• Le lombricompostage : si vous n'avez pas de jardin, le lombricompostage est la solution. Il s'agit d'une boîte contenant des vers qui, en mangeant puis digérant vos bio-déchets, les transforment en compost. Il faut ensuite trouver un usage pour votre compost. Renseignez-vous sur les points de collecte près de chez vous. Les jardiniers municipaux pourraient aussi être intéressés. Enfin, si vous avez des jardinières de balcon, elles ne s'en porteront que mieux.

• Le compostage : idéal si vous avez un jardin afin de jeter régulièrement vos biodéchets et de pouvoir, quelques mois plus tard, les réutiliser pour fertiliser son terrain.
Il faut jeter les bio-déchets dans une poubelle séparée. Ils pourront ensuite être compostés. Le compost peut être utilisé sur les sols agricoles ou dans les jardins comme fertilisant et comme énergie renouvelable (biogaz).

INITIATIVE

À Montreuil (93), l'association « Le Sens de l'Humus » mène des actions de compostage collectives, soit au pied des immeubles, soit dans les écoles, soit dans les quartiers ; on va au compostage comme on va à la poubelle de verre. Voilà une bonne initiative en attendant que les collectivités se mettent à faire du ramassage individuel comme c'est le cas depuis plusieurs années à Lorient (Morbihan) ou à Munich (Allemagne)*.

*Source : Zero Waste France.

LA MÉTHANISATION

Comment méthanise-t-on ? Dans une cuve, la matière organique privée d'oxygène dégage un gaz (pensez au yaourt périmé depuis des semaines et qui gonfle !). Ce gaz est capté, filtré et réinjecté dans le réseau. C'est ce qu'on appelle la phase méthanique.

• Il est soit brûlé et sert à faire tourner des générateurs électriques, c'est ce qu'on appelle la cogénération.

• Soit le résidu de la méthanisation, appelé le digestat, et qui est de l'azote, est redonné aux paysans qui en ont besoin pour faire lever leurs cultures.

Ce qu'on méthanise, ce sont donc les biodéchets : un biodéchet, c'est un sous-produit animal, protéiné et carné (huiles, restes alimentaires de restaurants…). Pour exemple, un restaurant de 150 à 300 couverts a 10 tonnes de biodéchets par an. Depuis 2016, les restaurateurs qui sont dans cette tranche sont tenu de faire valoriser leurs biodéchets. Il sont d'ailleurs responsables de la valorisation de leurs déchets jusqu'à la méthanisation.

Et à partir de 2025, d'après la loi sur la transition énergétique, c'est chacun de nous qui devra trier ses biodéchets ! Afin qu'ils soient valorisés*.

*Source : Moulinot Compost et Biogaz.

LE CARBONE

Illustration de l'impact carbone dans vos assiettes :

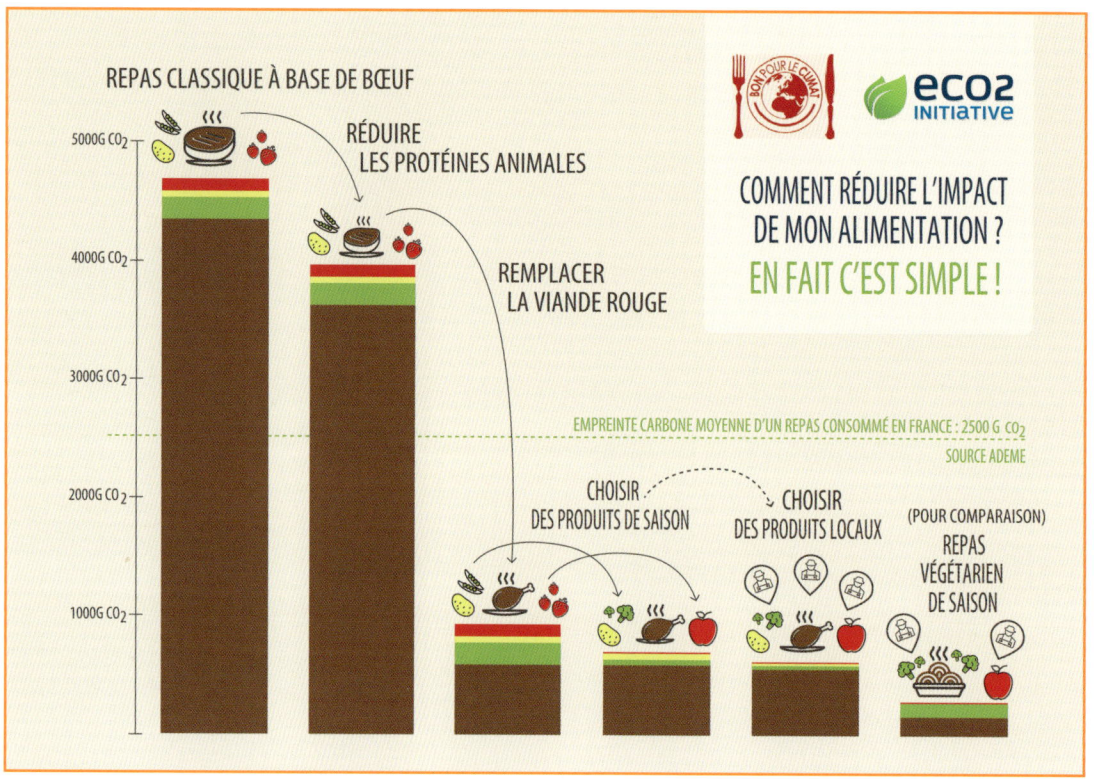

Pour les éléments graphiques : @MarieGraphiste
Pour Etiquettable : Etiquettable®, une solution développée par @ECO2 Initiative

LE PRINCIPE DU CALCUL ET DU CALCULATEUR

Les calculs des impacts de chaque recette ont été réalisés par les équipes d'ECO2 Initiative, une entreprise qui promeut des solutions innovantes pour un développement plus durable. Les calculs sont faits à partir d'un éco-calculateur simple et pédagogique pour soutenir l'action de l'association Bon pour le Climat, qui développe les pratiques responsables en restauration. L'ensemble de la démarche (calcul et étiquetage) fait partie du projet Étiquettable, soutenu par l'ADEME (agence de l'environnement et de la maîtrise de l'énergie).

Ces calculs sont réalisés sur la base :
- du bilan environnemental et nutritionnel de chaque ingrédient ;
- de la proportion de chaque aliment dans la recette.

Plus d'informations sur **http://etiquettable.eco2initiative.com/** et **www.bonpourleclimat.org/calcul-empreinte-carbone/**».

POUR LES IMPACTS

COMPRENDRE...

- **Nutriscore :** « Le score nutritionnel (ou nutriscore) est une notation élaborée par l'équipe de recherche en épidémiologie nutritionnelle de l'Inserm, dirigée par le professeur Serge Hercberg. Le principe est simple : chaque produit se voit attribuer une note (A, B, C, D ou E). Un produit noté A (vert) contient une grande proportion d'aliments bons pour la santé, comme les fruits, les légumes, les protéines et les fibres. Un produit noté E (rouge) a au contraire une forte teneur en sucres rapides, en graisse et en sel. » (Source : Inserm.)

- **Allergène :** « Substance qui déclenche l'allergie, ensemble de réactions du système immunitaire de l'organisme à la suite d'un contact, d'une ingestion, voire d'une inhalation dans le cas d'un allergène alimentaire. Une liste officielle des allergènes a été définie dans le cadre de la réglementation INCO. » (Source : portail de l'Économie et des Finances)

- **Poids carbone d'un plat :** « Les émissions de gaz à effet de serre effectuées par la production, le transport, la conservation d'un ingrédient donné » (Source : ECO2 Initiative). « La moyenne actuelle du poids carbone d'un repas complet moyen est de 2 500 gCO_2 » (source : ADEME). « Un repas complet avec un poids carbone inférieur à 2 200 gCO_2 est considéré comme 'bon pour le climat'. »

SOLUTION

UNE APPLI DE CUISINE DURABLE

L'innovation : Étiquettable est une application de cuisine durable, qui permet à chacun de prendre plaisir à cuisiner plus consciemment, grâce à des informations qui sont enfin rassemblées en un seul lieu : recettes de cuisine durable, espèces de poissons menacées, saisonnalité des aliments, calories, allergènes présents, score nutritionnel.

- Par exemple, l'application calcule le nombre de calories, de protéines, mais aussi les gaz à effet de serre générés par votre plat.

- Reprendre plaisir à cuisiner avec les bons réflexes, avec les bonnes informations pour s'alimenter autrement : voilà ce que propose Étiquettable. L'application est disponible sous Android et Apple.

Toutes les recettes ci-après comportent le calcul de l'impact carbone et des calories par personne.

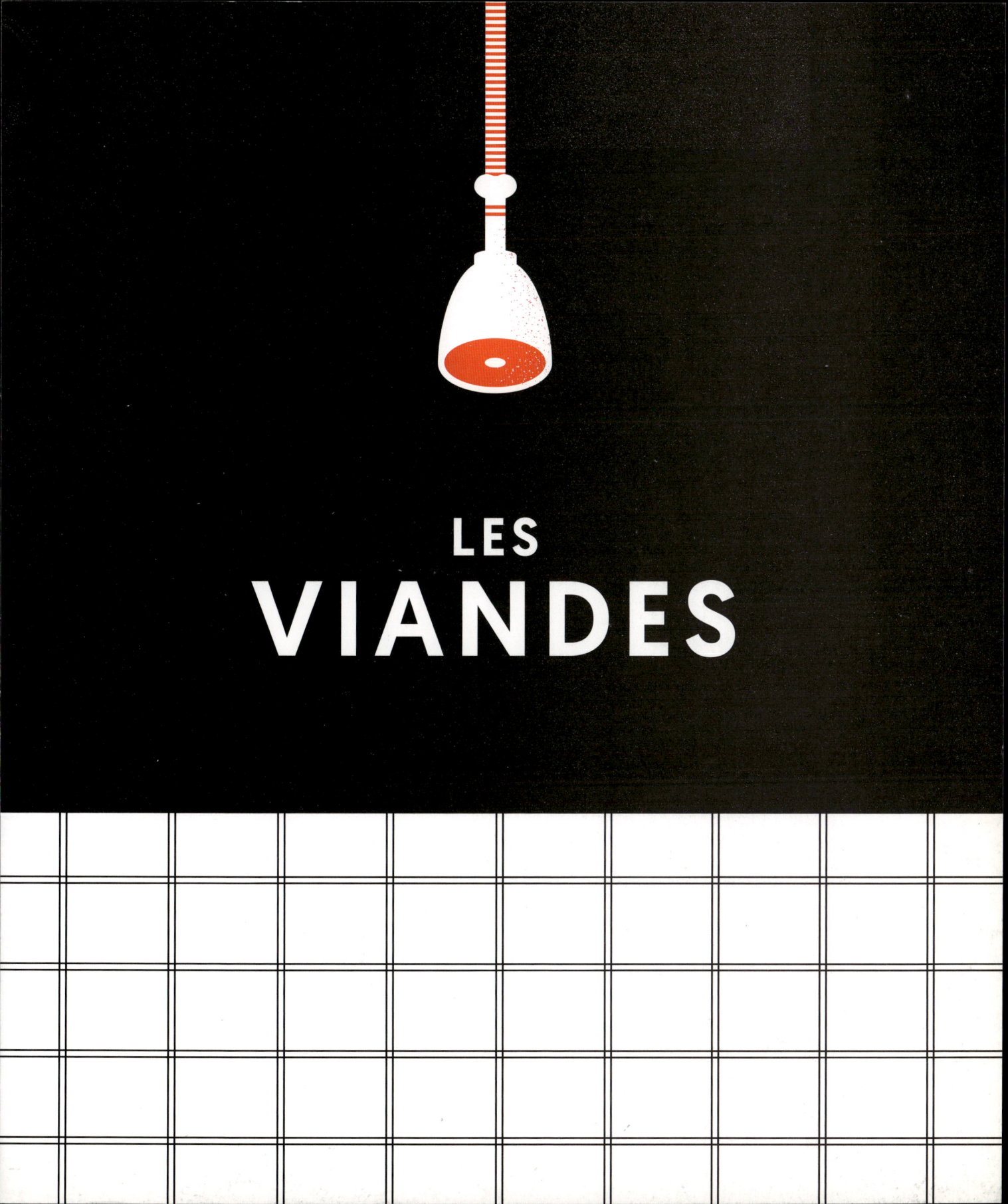

LES
VIANDES

Classement des viandes en fonction
de leurs émissions de gaz à effet de serre.

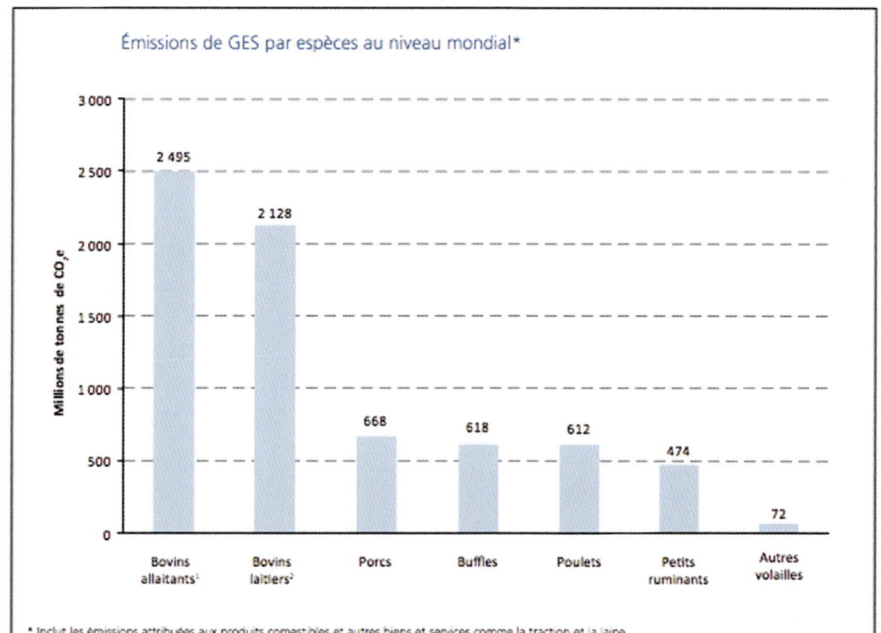

LE
POULET

On trouve dans le commerce autant de produits de très grande qualité que des poulets industriels. Le prix est bien évidemment un critère de choix. Il est préférable de choisir des poulets élevés en plein air. On peut se référer aux labels. Il existe des volailles Label Rouge, IGP et AOP (les fameux poulets de Bresse).
Cependant, ces labels qualité ne garantissent pas un élevage en plein air mais une durée de vie minimum de l'animal. Il ne faut pas acheter des poulets qui ont été abattus avant 81 jours.

POULET RÔTI

AU CURCUMA, POMMES DE TERRE, CAROTTES ET OIGNON BLANC

Pour	g CO_2	Nutriscore	kcal	g de protéines
4 personnes	1 493	A	921	89

Ingrédients

1 poulet de 1,2 kg
4 carottes
200 g de pommes de terre grenaille
100 g d'oignons blancs
10 cl d'huile d'olive
1 cuil. à café de curcuma
Sel

1. Lavez, brossez les pommes de terre et les carottes. Préchauffez le four à 145 °C (th. 4-5).

2. Coupez les carottes en grosse mirepoix, émincez les oignons.

3. Mettez la garniture dans un plat à rôtir et le poulet sur le dessus. Versez l'huile d'olive et le curcuma sur le poulet. Salez.

4. Enfournez pour 1 h 30 de cuisson.

> S'il vous reste du poulet, vous pouvez l'utiliser dans une salade (voir p. 38) ou pour un bouillon (voir p. 40).

SALADE DE POULET (DE LA VEILLE),

COURGETTES CONFITES ET CORIANDRE FRAÎCHE

Pour	g CO_2	Nutriscore	kcal	g de protéines
4 personnes	728	A	482	34

Ingrédients

Morceaux de poulet de la veille
4 courgettes
½ botte de coriandre fraîche
10 cl d'huile d'olive
Sel
Poivre

1. Lavez et coupez en biseaux les courgettes sans les éplucher.

2. Faites-les sauter rapidement dans une poêle avec l'huile d'olive, elles doivent rester légèrement croquantes. Salez et poivrez en fin de cuisson.

3. Disposez les courgettes dans un saladier et les morceaux de poulet dessus.

4. Ajoutez les feuilles de coriandre fraîche.

BOUILLON DE POULET,

BLETTES DE COULEUR ET RESTES DE VIANDE DE LA CARCASSE

Pour	g CO_2	Nutriscore	kcal	g de protéines
4 personnes	102	A	70	4

Ingrédients

1 carcasse de poulet
1 botte de blettes jaunes
1 botte de blettes rouges
1 carotte
1 vert de poireau
1 branche de thym frais
1 gousse d'ail
10 g de beurre
Sel
Poivre

1 Retirez le reste de chair de la carcasse de poulet. Mettez la carcasse de poulet dans une casserole avec la carotte, le vert de poireau, le thym et la gousse d'ail. Mouillez à hauteur avec de l'eau. Ajoutez une pincée de gros sel et 3 grains de poivre. Laissez frémir pendant 1 h.

2 Lavez les blettes, coupez les côtes en tronçons de 3 cm. Faites-les cuire dans de l'eau bouillante salée, elles doivent rester légèrement croquantes.

3 Pendant ce temps, faites poêler rapidement les feuilles avec un peu de beurre.

4 Filtrez le bouillon de poulet à travers une passoire. Versez-le chaud sur les côtes de blettes, ajoutez les morceaux de volaille et en dernier les feuilles de blettes poêlées.

LE
CANARD

On élève en France des canards maigres et des canards gras. Les premiers sont à rôtir comme une volaille traditionnelle. Les seconds servent à la préparation des confits et du foie gras. Dans tous les cas, il est recommandé d'acheter des produits fermiers issus d'élevages en plein air.
Il existe des élevages ayant le Label Rouge, l'AOP, l'IGP, des labels qui, s'ils ne sont pas tous parfaits, sont de premiers gages de qualité. Le canard de Challans et le canard fermier des Landes sont des produits réputés.

FILETS DE CANETTE CARAMÉLISÉS,

POMMES DE TERRE PAYSANNES

Pour	g CO_2	Nutriscore	kcal	g de protéines
4 personnes	911	A	761	41

Ingrédients

4 filets de canette
400 g de pommes de terre
1 rhizome de gingembre
1 cuil. à soupe de miel
30 g de beurre
15 cl d'huile d'olive
1 gousse d'ail
1 branche de thym
Sel

> Achetez 1 canette entière. Les filets sont utilisés pour la recette de la p. 44 et les cuisses pour la recette de la p. 46. Vous pourrez utiliser la carcasse pour réaliser un bouillon ou un fond de sauce.

1. Lavez et coupez les pommes de terre. Poêlez-les 15 min avec l'huile d'olive, l'ail entier et le thym jusqu'à une légère coloration blonde. En fin de cuisson, ajoutez le beurre.

2. Préchauffez le four à 180 °C (th. 6). Saisissez les filets de canette côté peau dans une poêle. Disposez-les dans un plat allant au four, la peau sur le dessus.

3. Épluchez le gingembre, râpez-le et pressez-le pour récupérer le jus. Mélangez le jus avec le miel à l'aide d'un fouet.

4. Ajoutez le mélange jus de gingembre et miel sur la peau. Enfournez pour 15 min de cuisson.

5. Laissez reposer 15 min avant de déguster.

6. Servez avec les pommes de terre.

CUISSES DE CANETTE,

BOUILLON ET CAROTTES MULTICOLORES

Pour	g CO_2	Nutriscore	kcal	g de protéines
4 personnes	612	A	340	27

Ingrédients

4 cuisses de canette
1 botte de carottes jaunes
1 botte de carottes oranges
1 botte de carottes blanches
1 gousse d'ail
50 g de beurre
Gros sel

1. Lavez et brossez les carottes. Retirez les fanes et conservez-les, elles vous serviront pour une autre recette (voir p. 146, Crème froide de fanes de carottes et moules).

2. Prenez un grand faitout, étalez les carottes au fond, ajoutez de l'eau (1 cm au-dessus des légumes), l'ail, le beurre et une pincée de gros sel. Placez sur le feu.

3. Au bout de 10 min de cuisson, déposez les cuisses de canette sur les légumes et laissez mijoter encore 25 min avec un couvercle.

LE
BŒUF

L'élevage des bovins est l'un des secteurs les plus polluants en agriculture. Faut-il pour autant arrêter de manger du bœuf ? Non, bien sûr. Mais il est impératif de bien choisir la provenance. Préférez des animaux élevés à l'herbe et non en stabulation. La qualité de la viande n'en sera que meilleure et l'élevage en plein air est moins polluant que l'élevage industriel.
Le principe est qu'il faut manger de la viande de très grande qualité qui va beaucoup moins réduire à la cuisson. Limiter sa consommation de bœuf et de veau, c'est donc aussi bon pour la planète que pour votre portefeuille.

BOUILLON DE BŒUF
AU RAIFORT

Pour	g CO_2	Nutriscore	kcal	g de protéines
4 personnes	1 826	A	305	19

Ingrédients

3 l d'eau
4 topinambours
(conservez la peau
pour réaliser la recette
de la p. 80)
3 carottes
2 poireaux
2 navets
¼ de céleri rave
200 g de parures*
de viande de bœuf
100 g de raifort

*Les parures sont les parties que l'on n'utilise pas après la découpe. Ce sont des restes parfaits pour un bouillon goûtu !

1. Mettez dans un grand faitout l'eau, les légumes entiers épluchés ainsi que les parures de viande.

2. Laissez cuire à feu doux et à frémissement pendant 2 h en écumant régulièrement.

3. Débarrassez les légumes sur une plaque et réservez-les pour la recette p. 52.

4. Laissez refroidir le bouillon.

5. Une fois froid, dégraissez-le si besoin.

6. Servez le bouillon réchauffé avec le raifort à part et du pain grillé rassis.

FRICASSÉE DE LÉGUMES D'HIVER
ET ONGLET DE BŒUF FAÇON THAÏE

Pour	g CO_2	Nutriscore	kcal	g de protéines
4 personnes	1 823	A	537	19

Ingrédients

200 g d'onglet de bœuf
Les légumes de la recette du bouillon (voir p. 50)
10 cl d'huile d'olive
1 cuil. à soupe de graines de sésame

Pour la marinade thaïe :
50 g de sauce soja
20 g d'huile de sésame
1 gousse d'ail
10 g de gingembre frais
10 g de sucre roux

1. Préparez la marinade : épluchez l'ail et le gingembre. Mettez dans un robot l'ail, le gingembre et la sauce soja et mixez.
Débarrassez dans un saladier, ajoutez le sucre et l'huile de sésame.

2. Taillez l'onglet de bœuf en petits morceaux et mettez-les dans le saladier avec la marinade. Laissez mariner pendant 1 h puis égouttez en gardant la marinade à part.

3. Récupérez les légumes de la recette du bouillon de bœuf (p. 50). Coupez-les en tronçons et réchauffez-les avec un peu de bouillon.

4. Dans une poêle, faites chauffer un peu d'huile d'olive. Faites sauter rapidement les morceaux de viande. Ajoutez les graines de sésame.

5. Disposez la viande sautée au centre de l'assiette, les légumes autour.

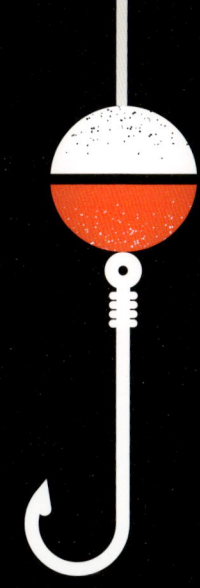

LES
POISSONS

POISSONS,
CRUSTACÉS ET MOLLUSQUES

En terme de respect de l'environnement, la question des poissons est complexe et l'enjeu est d'importance. Les ressources marines ne sont pas illimitées. Elles sont fragiles face aux modifications de l'environnement et à la pression de la pêche. Une étude, publiée en 2006, conduite par un chercheur canadien, Boris Worm, entouré de plus d'une dizaine de confrères appartenant à différentes universités nord-américaines, a montré que si l'effort de pêche (au niveau mondial) restait identique à ce qu'il était alors, il n'y aurait plus de poissons dans la mer en 2048. Une mer vidée de ses poissons, voilà une vision du futur plutôt anxiogène.

L'extraordinaire capacité naturelle des espèces marines à se renouveler peut en effet être réduite, voire anéantie, dans le cas de pêche intensive. Plus de 30 % des populations de poissons de la planète sont surexploitées (les captures sont trop importantes pour permettre à ces espèces de se renouveler). En Atlantique Nord-Est, zone d'où provient la majorité des espèces présentes sur nos étals, plus de 20 % des ressources marines sont surexploitées (Source : FAO, 2016).
En soixante ans, les captures sont passées de 20 à 90 millions de tonnes annuelles pour alimenter une population croissante et de plus en plus demandeuse de protéines aquatiques. Des drames ont déjà eu lieu comme à Terre-Neuve avec l'effondrement de la population de cabillaud (ou morue), une des plus graves crises de la pêche du XXe siècle. Malgré le moratoire sur la pêche en 1992, la population de cabillaud peine à se reconstituer dans cette zone car l'homme a modifié l'ensemble de l'écosystème. Les stocks européens d'empereur, poisson de grand fond, ont été pêchés jusqu'à épuisement.

La prise en compte des écosystèmes marins est un des enjeux majeurs du XXIe siècle. Ces écosystèmes marins comptent parmi les plus complexes de notre planète, les plus étendus et les moins bien connus.

La taille de maturité sexuelle est la taille à laquelle le poisson est apte à se reproduire. Pour une même espèce, cette taille peut varier d'une zone géographique à une autre. Dans nombre de cas, la taille légale de commercialisation est inférieure à la taille de maturité sexuelle, et donc nous pêchons et consommons des poissons qui n'ont pas eu le temps de se reproduire.

PAROLE
D'EXPERT

François Pasteau, auteur de ce livre et président d'Ethic Ocean

Pourquoi un chef est-il devenu président d'une association environnementale ?

Ethic Ocean (auparavant SeaWeb Europe) travaille depuis plus de 10 ans avec les professionnels de la filière des produits de la mer, avec pédagogie et persévérance. En tant que chef, j'ai bénéficié de leur précieux accompagnement. J'ai ainsi pu m'engager dans un approvisionnement durable en produits de la mer et fédérer mon équipe autour de cette cause.
Je suis très fier d'en être devenu le président en 2014. De nombreux autres acteurs reconnaissent le travail de cette association qui a reçu le Grand Prix des Sciences de la Mer Albert Ier en janvier 2017, décerné par la Société de Géographie et reçu des mains de S.A.S Albert II de Monaco.

Quelle est la mission d'Ethic Ocean ?

Nous travaillons avec l'ensemble des acteurs de la filière pêche et aquaculture (des pêcheurs et aquaculteurs aux transformateurs, grossistes, enseignes de la grande distribution, poissonniers, chefs et restaurateurs), pour les informer et les accompagner dans la mise en œuvre de pratiques d'approvisionnement durable.

Les chefs en particulier sont des prescripteurs clés qui peuvent influencer en amont leurs fournisseurs en leur demandant des espèces dont le stock n'est pas en danger et en privilégiant des méthodes de pêche respectueuses de l'environnement.

Quels critères prenez-vous en compte quand vous achetez du poisson ?

Pour consommer du poisson tout en contribuant à la préservation des ressources, il est important de considérer différents critères :

– l'état du stock d'où le poisson provient (stock durable : les poissons ne sont pas surexploités et peuvent se renouveler) ;

– la technique de pêche utilisée pour le capturer (certaines techniques sont plus respectueuses de l'environnement que d'autres) ;

– la taille de maturité sexuelle pour lui laisser le temps de se reproduire au moins une fois.

La pêche industrielle, avec ses énormes chalutiers, travaille sans répit, toute l'année, toujours plus loin, toujours plus profond, malgré la fragilité des stocks. Pourquoi ne considérez-vous pas cette distinction industriel/artisanal ?

Même si j'ai à cœur de défendre la pêche artisanale, ainsi que les métiers et les hommes qui en dépendent, cette distinction est trop simpliste. Comme dans toute activité, il y a des bonnes et des mauvaises pratiques, de bons acteurs, et de moins bons. Vous pouvez trouver des bateaux de taille industrielle qui ont des pratiques respectueuses des ressources et de l'environnement, tout comme des pêcheurs artisans qui ne respectent pas les écosystèmes dans lesquels ils exercent leur métier.

 ...

Lorsque l'on parle de consommation durable pour les produits de la mer, on pense à la préservation des espèces et de l'environnement marin, l'empreinte carbone est-elle aussi un critère à retenir ?

Quand on parle de durabilité, on parle de toute façon de plusieurs critères. Nous sommes parfois face à des choix cornéliens : vaut-il mieux acheter un poisson venant d'un stock en bon état et transporté en avion ou un poisson « local » issu d'un stock en mauvais état ?

Concernant l'empreinte carbone, il existe peu d'études à ce jour pour évaluer celle de la pêche. On sait malgré tout qu'il faut considérer la technique de pêche qui représente la majeure partie des émissions de CO_2 (rapporté à la tonne de poisson, la pêche industrielle utilise moins de carburant). À cela s'ajoutent dans certains cas, la surgélation lorsqu'elle a lieu à bord des bateaux, le transport sur le reste de la chaîne, etc.

Il est donc difficile de respecter tous les critères de durabilité lorsqu'on achète du poisson. Face à cette complexité, seul l'immobilisme est à bannir.

COMMENT SAVOIR SI UN POISSON EST DURABLE ?

Les scientifiques évaluent chaque année l'état des stocks en fonction des données de capture des pêcheurs. Il faut se tenir informé grâce aux outils mis à disposition par les associations environnementales (voir Pour aller plus loin p. 188).

GUIDE ETHIC OCEAN

Chaque année, Ethic Ocean publie un guide des espèces à l'usage des professionnels pour les aider à s'orienter vers des espèces durables. Il est mis à jour tous les ans sur la base des données scientifiques les plus récentes.

Ethic Ocean et la fondation GoodPlanet ont développé l'application « Planet Ocean » pour aider les consommateurs à choisir leur poisson.

Y A-T-IL DES SAISONS POUR LES POISSONS ?

Contrairement aux produits agricoles, la saisonnalité n'est pas un critère de durabilité pour les produits de pêche. De plus, chaque espèce est un cas particulier. Pour certains poissons, la saison commerciale correspond au moment où le poisson se reproduit. On appelle cela le frai. Pendant le frai, de nombreuses espèces, comme le bar, se réunissent et créent des concentrations de poissons qui les rendent extrêmement vulnérables à l'activité de pêche. Une fois regroupés, ils sont faciles à capturer au chalut en grande quantité. D'un point de vue biologique, une pêche pratiquée en période de frai ne pose pas de problème, à condition que le stock de poissons soit en bon état et que les quotas soient respectés. Par contre, d'autres espèces sont de moindre qualité gustative lors de leur période de reproduction (cas des poissons plats : chair molle et femelles grainées sont moins appréciées des consommateurs), ce qui contribue à une plus faible valorisation économique et à un gaspillage en termes de produit avec perte de matière. Donc même si les stocks sont en bon état (à vérifier selon les espèces), la pêche des poissons plats en période de reproduction est un vrai gâchis !

BONNES NOUVELLES

🐟 **Depuis fin 2014, les étiquettes des poissonniers** doivent mentionner les zones de pêche précises et la technique de pêche. Très utile pour vérifier si le poisson qu'on achète est durable !

🐟 **En juin 2016, l'Union européenne a interdit le chalutage en eau profonde, soit à plus de 800 mètres, dans ses eaux.** Pourquoi est-ce une pêche dévastatrice ? Les espèces de grands fonds sont particulièrement fragiles et sensibles à l'activité de pêche car elles mettent plus de temps à se reproduire. À titre d'exemple : l'empereur, dont les stocks européens ont été épuisés. Il faut 17 à 21 ans pour qu'une génération d'empereur se renouvelle (contre 2 à 5 ans pour le cabillaud). Le chalutage en eau profonde a également détruit de nombreuses zones hébergeant des écosystèmes profonds extrêmement fragiles et riches d'une biodiversité exceptionnelle.

LES POISSONS D'ÉLEVAGE

L'aquaculture représente une part croissante des approvisionnements en produits de la mer dans le monde (la production de poisson d'élevage a dépassé les captures de pêche depuis 2013). En France, nous consommons essentiellement des poissons carnivores (saumon, bar, daurade…). Il existe également des espèces à tendance herbivore (tilapia, panga…). Les pratiques varient grandement d'une ferme à une autre, et d'une zone géographique à une autre. Il est important de vérifier les conditions d'élevage pour s'assurer de leur moindre impact sur l'environnement. On peut citer la pollution des eaux, l'impact sur les habitats, le besoin parfois disproportionné en farine de poissons sauvages pour nourrir les poissons d'élevage, l'utilisation d'antibiotique… Pour limiter ces impacts, il est important de s'orienter vers des produits labellisés bio ou ASC, pour ceux qui souhaitent consommer des produits d'élevage.

LE
LIEU JAUNE
Pollachius pollachius

Le lieu jaune est un poisson relativement solitaire, qui ne se regroupe avec ses congénères qu'en période de reproduction, en hiver.
Il peut mesurer jusqu'à 1,30 m. Sa pêche est autorisée à partir de 30 cm. Néanmoins, il est préférable de choisir des poissons de plus grande taille, 40 à 50 cm, qui auront eu ainsi le temps d'atteindre leur maturité sexuelle et donc de se reproduire. Le lieu jaune doit être consommé avec modération (en raison de l'affaiblissement de certains stocks). La qualité de sa chair fine et feuilletée, le goût et la texture sont particulièrement préservés chez les poissons pêchés à la ligne.

LIEU JAUNE,
RISOTTO À L'ORANGE

Pour	g CO_2	Nutriscore	kcal	g de protéines
4 personnes	2 716	B	1 090	57

Ingrédients

4 morceaux de lieu jaune (prélevés dans la partie la plus épaisse des filets sans la peau)
250 g de riz Carnaroli
100 g de noisettes blanches décortiquées
50 g de pain rassis
50 g d'oignons
2 oranges (zeste et chair)
25 cl de jus d'orange
1 œuf
50 g de beurre
50 cl de crème liquide
25 cl d'eau
10 cl d'huile d'olive
Sel

1. Faites revenir les oignons et le zeste des oranges dans le beurre.
Ajoutez le riz et remuez bien.
Versez le jus d'orange. Une fois le jus absorbé, mouillez avec l'eau et enfin ajoutez la crème et laissez cuire à feu doux jusqu'à évaporation du liquide.
Pelez à vif les deux oranges et levez les quartiers.
Les quartiers d'oranges seront mis dans le riz juste avant de servir.

2. Préparez la chapelure de noisettes : mixez au robot les noisettes et le pain rassis afin d'obtenir une fine chapelure.
Battez l'œuf en omelette.
Passez une face des filets de poisson dans l'œuf battu puis dans la chapelure.
Mettez une poêle à chauffer avec l'huile d'olive et cuisez à feu doux le filet côté chapelure entre 5 et 10 min cela dépend de l'épaisseur de votre filet.
Attention à ne pas trop colorer les noisettes, celles-ci deviendraient âcres.
Servez sans attendre sur le risotto avec les quartiers d'orange.

ÉMIETTÉ DE LIEU JAUNE,
RATATOUILLE

Pour	g CO_2	Nutriscore	kcal	g de protéines
4 personnes	1 239	A	1 072	25

Ingrédients

Pour l'émietté :
200 g de flanc de lieu jaune
50 cl de lait
50 g d'échalotes ciselées
50 g d'amandes en bâtonnets torréfiées
10 g de gingembre haché
10 cl d'huile d'olive
2 gousses d'ail
Zeste d'1 citron vert
Zeste d'1 citron jaune
5 feuilles d'estragon
5 feuilles de coriandre
2 feuilles de menthe
1 branche de thym
Basilic pourpre

Pour la ratatouille :
2 aubergines
2 courgettes
2 oignons
2 tomates émondées (gardez les pépins pour la recette p. 96)
25 cl d'huile d'olive
1 gousse d'ail
1 branche de thym
Sel

1. Préparez l'émietté : passez les flancs de poisson dans l'eau pour les nettoyer puis mettez-les à cuire dans le lait avec le thym et l'ail entier pendant 25 min. Une fois cuits, égouttez-les et émiettez la chair en faisant attention de retirer les morceaux de peau et les arêtes.
Faites suer dans une casserole à l'huile d'olive les échalotes ciselées, le gingembre et l'ail hachés. Ajoutez l'émietté de poisson, remuez bien. Salez. Hors du feu, incorporez les zestes de citron, les herbes hachées et les bâtonnets d'amandes torréfiés.

2. Préparez la ratatouille : coupez les légumes en dés. Faites-les sauter individuellement à la poêle avec l'huile d'olive (sauf les tomates).
Égouttez-les puis mettez-les en cuisson dans un faitout en ajoutant les tomates, l'ail et le thym.
Laissez compoter à feu doux une vingtaine de minutes.

3. Placez la ratatouille dans un cercle et l'émietté sur le dessus. Parsemez de basilic pourpre.
Aux beaux jours servez ce plat froid.

RESTES DE LIEU JAUNE

CRÈME DE COCOS PAIMPOLAIS AU CURRY, MORCEAUX DE FENOUIL

Pour	g CO_2	Nutriscore	kcal	g de protéines
4 personnes	252	A	113	6

Ingrédients

Peau de lieu
240 g de lieu jaune cuit (reste de la recette p. 62)
200 g de cocos paimpolais cuits
1 fenouil
50 cl de lait
1 cuil. à soupe de curry

1. Coupez le fenouil en petits morceaux et faites-le cuire à la vapeur 5 min.

2. Mettez à chauffer les cocos paimpolais de la veille avec le lait. Ajoutez le curry.

3. Déposez la peau de lieu entre deux feuilles de papier cuisson huilées et entre deux plaques de four à 150 °C pendant 40 min.

4. Une fois chauds, versez-les dans les assiettes creuses. Ajoutez les morceaux de lieu jaune effeuillés et les quarts de fenouil chauds. Posez la chips de peau sur le bord de l'assiette.

LE
MULET NOIR
Chelon labrosus

Si le mulet a la réputation d'avoir une chair malodorante, c'est parce qu'il est souvent capturé par les pêcheurs amateurs près des ports où il se nourrit. Les mulets pêchés au large ne présentent pas ce problème. Le mulet noir a une chair ferme (qui rappelle celle du bar) et se prête à divers modes de cuisson.
Il mérite d'être mieux connu. En plus d'être une espèce bon marché, ses stocks sont en bon état, ce qui en fait une alternative durable aux espèces surexploitées comme le bar.

FILET DE MULET NOIR

POÊLÉE DE CHOU AUX FRUITS DU MENDIANT

Pour	g CO_2	Nutriscore	kcal	g de protéines
6 personnes	2 918	A	980	76

Ingrédients

1 mulet noir de 2 kg
1 chou de Pontoise
12 abricots secs moelleux
6 noix fraîches
50 g de beurre
20 cl d'huile d'olive
5 cl de vinaigre de xérès
Sel
Poivre

1. Faites lever les filets par votre poissonnier. Coupez des portions de 140 g chacune.

2. Faites cuire les filets côté peau dans une poêle chaude avec 10 cl l'huile d'olive entre 5 et 10 min (cela dépend de l'épaisseur du filet).

3. Coupez le chou de Pontoise en quatre. Émincez-le finement. Faites chauffer dans une poêle les 10 cl l'huile d'olive restants. Mettez le chou et faites-le sauter rapidement tout en le gardant croquant, assaisonnez.

4. Ajoutez en fin de cuisson le vinaigre, le beurre, les abricots secs coupés en dés et les cerneaux de noix. Mettez la poêlée de chou dans un plat et les filets de mulet sur le dessus.

ŒUFS DE MULET AUX AROMATES

FAÇON TARAMA, SEMOULE DE PAIN RASSIS

Pour	g CO_2	Nutriscore	kcal	g de protéines
4 personnes	297	B	472	12

Ingrédients

200 g d'œufs de mulet
200 g de pain rassis
50 g de fromage blanc
15 g de gingembre confit en brunoise
10 cl d'huile de noisette
1 botte de ciboulette ciselée
1 cuil. à soupe de sésame

1. Faites cuire les œufs de mulet pendant 5 min à la vapeur. Une fois froids, retirez la fine membrane qui les enveloppe.

2. Mélangez-les avec le fromage blanc et la ciboulette ciselée à l'aide d'un fouet.

3. Pour la semoule de pain : mixez le pain rassis au robot ménager pour obtenir une chapelure, puis mélangez avec l'huile de noisette, la brunoise de gingembre confit et le sésame.

4. Aidez-vous d'un emporte-pièce rectangulaire pour mouler la semoule. Servez les œufs de mulet à côté de la semoule de pain.

COMPOTE DE CHOU AU CURRY,

TUILES DE PEAU DE MULET NOIR

Pour	g CO_2	Nutriscore	kcal	g de protéines
4 personnes	180	C	428	2

Ingrédients

Peau d'1 mulet
100 g de feuilles de chou vert
100 g de tarama d'œufs de mulet (voir recette p. 72)
20 cl d'huile d'olive
1 cuil. à café de curry
Sel

1. Déposez la peau du mulet, préalablement écaillée, entre deux feuilles de papier cuisson huilées et entre deux plaques de four à 150 °C (th. 5) pendant 40 min. Pour vérifier la cuisson, il vous suffit de regarder si la peau est bien croquante.

2. Émincez les feuilles de chou et blanchissez-les pendant 5 min dans de l'eau bouillante salée. À l'aide d'un écumoir rafraîchissez-les dans une eau glacée. Égouttez-les, pressez-les bien et mélangez-les aux œufs de mulet.

3. Ajoutez le curry, mélangez et servez avec les morceaux de peau de mulet piqués dedans.

LA
COQUILLE SAINT-JACQUES
Pecten maximus

Les coquilles Saint-Jacques européennes (*Pecten maximus*) consommées en France proviennent principalement de gisements localisés en Manche (baie de Seine et baie de Saint-Brieuc), dans la rade de Brest, dans le golfe de Gascogne mais aussi en mer d'Irlande ou encore dans les eaux écossaises.
En France, sa pêche est soumise à des règles strictes (calibrage et date de pêche, notamment) afin que son stock, qui se porte globalement bien, le reste. L'arrêt de la pêche entre mai et octobre correspond à la période de ponte mais également à la période de forte croissance du coquillage, ce qui optimise sa gestion environnementale et économique. Néanmoins sa consommation doit être modérée puisque sa méthode de pêche à la drague a un impact sur les fonds marins. Noix de saint-jacques ou noix de pétoncle ? Certains diront que seules les espèces *Pecten spp* devraient s'appeler « Saint-Jacques » laissant l'appellation « pétoncles » aux autres espèces de pectinidés. En 1996, l'Organisation Mondiale du Commerce a décidé que tous les pectinidés vendus sous forme de noix pouvaient s'appeler « Saint-Jacques » sous réserve que leur dénomination scientifique et leur pays d'origine apparaissent clairement sur l'emballage.

NAGE DE CÉLERI

ET CAROTTES À LA CORIANDRE, POÊLÉE DE NOIX DE SAINT-JACQUES

Pour	g CO_2	Nutriscore	kcal	g de protéines
4 personnes	894	A	718	14

Ingrédients

16 noix de saint-jacques
1 oignon
1 carotte
1 céleri rave
1 cuil. à café de graines de coriandre
1 orange
1 citron
1 gousse d'ail
15 cl de vin blanc
25 cl d'huile d'olive (pour la cuisson des légumes et celle des noix de saint- jacques)
20 g de beurre
Sel

1. Pressez les agrumes et réservez le jus. Lavez, épluchez et pelez le céleri en fines lamelles. Épluchez et coupez la carotte en fines rondelles. Pelez et émincez l'oignon. Faites suer les légumes quelques minutes dans une poêle avec de l'huile d'olive sans coloration. Ajoutez la coriandre. Salez. Déglacez au vin blanc. Ajoutez le jus de citron et d'orange. Ajoutez de l'eau si nécessaire afin de mouiller à hauteur. Ôtez du feu, la garniture doit être croquante.

2. Faites cuire quelques minutes les noix de saint-jacques dans une poêle avec de l'huile d'olive. Ajoutez le beurre en fin de cuisson.

3. Dressez la nage dans une assiette creuse et posez les noix dessus.

POÊLÉE DE CORAIL DE SAINT-JACQUES,
CHIPS DE PEAU DE TOPINAMBOUR

Pour	g CO_2	Nutriscore	kcal	g de protéines
4 personnes	426	A	90	12

Ingrédients

La peau des topinambours du bouillon de bœuf de la p. 50
16 corails de saint-jacques
200 g de patate douce (vous pouvez conserver la peau pour réaliser la recette de la p. 112)
100 g de fromage blanc
Zeste d'1 citron vert
Sel
Huile d'olive

1. Épluchez, coupez et faites cuire la patate douce à la vapeur pendant 15 min.
Une fois froide, mélangez-la au fouet avec le fromage blanc et le zeste du citron vert. Salez.

2. Coupez la peau des topinambours en morceaux. Faites-les cuire à la friteuse à 145 °C 4 à 5 min jusqu'à obtention d'une coloration blonde.

3. Dans une poêle chaude, faites sauter rapidement à l'huile d'olive les corails de saint-jacques.

4. Dressez-les sur la patate douce et ajoutez les chips de topinambour.

VELOUTÉ CHAUD DE SAINT-JACQUES,

MOUSSELINE DE FANES DE RADIS

Pour	g CO$_2$	Nutriscore	kcal	g de protéines
4 personnes	551	B	273	9

Ingrédients

Bardes de saint-jacques
de la recette p. 80
1 botte de fanes de radis
3 échalotes
50 cl de crème épaisse
50 cl de crème liquide
50 cl d'eau
50 g de beurre
20 cl de vin blanc
Huile d'olive

1. Après avoir nettoyé dans plusieurs eaux les bardes de saint-jacques, faites revenir les échalotes dans un faitout avec l'huile d'olive chaude pendant 5 min (sans coloration), et ajoutez les bardes. Faites suer encore 5 min.
Déglacez au vin blanc puis mouillez avec l'eau et la crème liquide.
Laissez cuire pendant 30 min, mixez et passez au gros chinois.

2. Préparez la mousseline de fanes de radis : blanchissez les fanes de radis dans de l'eau bouillante salée, rafraîchissez dans de l'eau glacée.
Égouttez, mixez et ajoutez la crème épaisse et le beurre fondu.

3. Servez dans une assiette creuse.

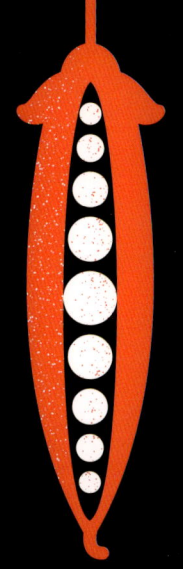

LES LÉGUMES

SAISONNALITÉ DES LÉGUMES

	JANVIER	FÉVRIER	MARS	AVRIL	MAI
ARTICHAUT					
ASPERGE BLANCHE				X	X
ASPERGE VERTE			X	X	X
AUBERGINE					X
BETTE					X
BETTERAVE					X
BROCOLI					
CAROTTE	X	X	X	X	X
CÉLERI BRANCHE					X
CÉLERI-RAVE	X	X	X		
CHOU BLANC	X	X	X	X	
CHOU DE BRUXELLES	X	X			
CHOU FRISÉ	X	X	X	X	X
CHOU ROMANESCO					
CHOU ROUGE	X	X	X		
CHOU-FLEUR		X	X		
CITROUILLE					
CONCOMBRE				X	X
COURGE BUTTERNUT					
COURGETTE					X
ÉPINARD				X	X
FENOUIL					X
HARICOT					
NAVET	X	X	X	X	X
OIGNON	X	X	X	X	X
OIGNON (petit oignon blanc)			X	X	X
PANAIS	X	X	X		
PETITS POIS					
POIREAU	X	X	X	X	
POIS GOURMANDS					
POIVRON					
POMME DE TERRE	X	X	X	X	X
POTIMARRON					
POTIRON					
RADIS	X	X	X	X	X
SALSIFIS	X	X	X		
TOMATE					X

JUIN	JUILLET	AOÛT	SEPTEMBRE	OCTOBRE	NOVEMBRE	DÉCEMBRE

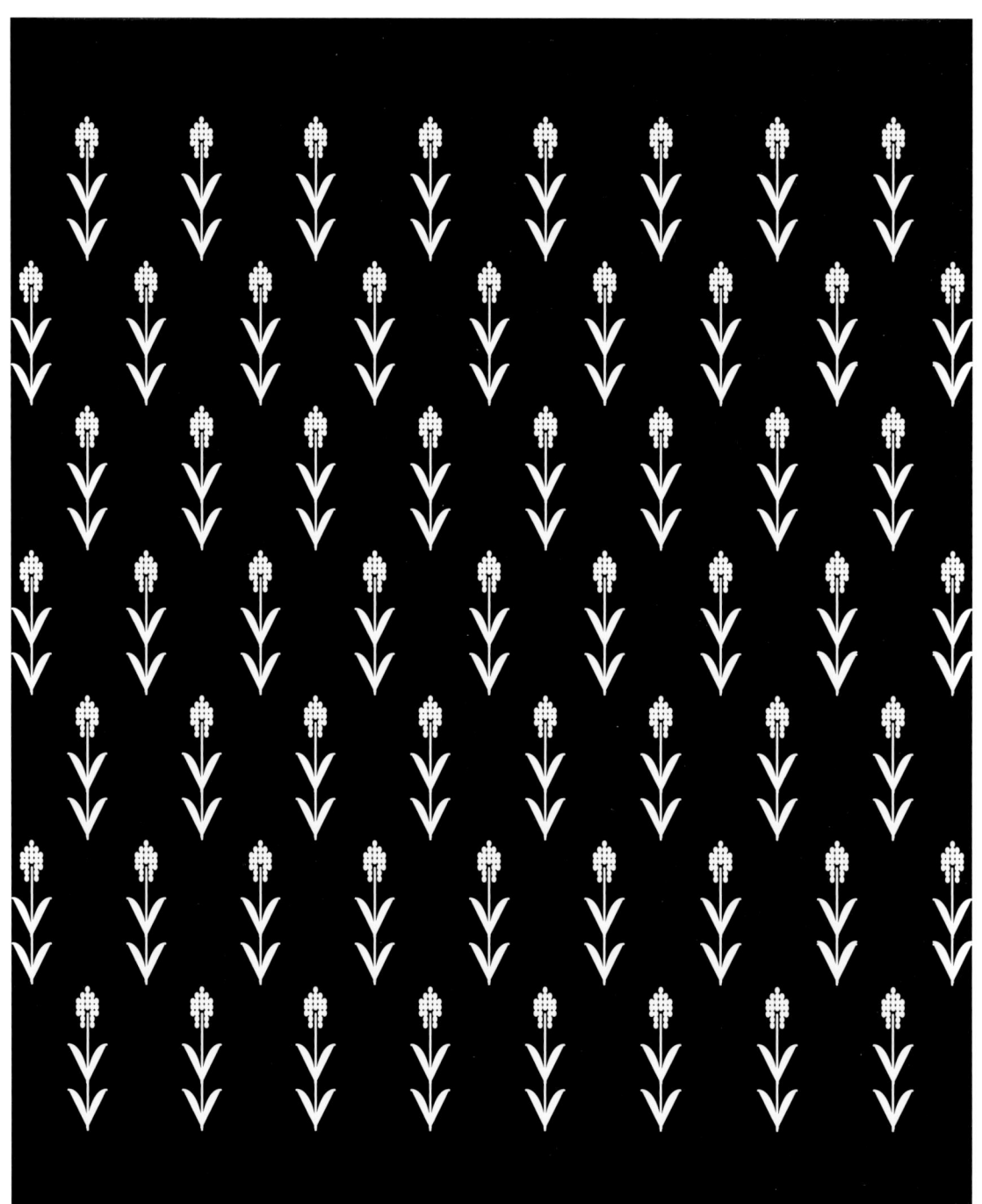

LE
POIREAU

Le poireau est un légume d'hiver. On le consomme traditionnellement dans les plats bouillis comme le pot-au-feu ou encore en vinaigrette. Cependant, le poireau peut se prêter à de nombreuses recettes. Surtout, ne jetez pas le vert ni les radicelles qui peuvent se cuisiner à part. On trouve également sur les marchés, au printemps, les jeunes poireaux, appelés poireaux crayons. Ils sont très fins et au goût subtilement sucré. On peut les cuisiner de différentes façons, notamment braisés. C'est un délice.

BLANCS DE POIREAUX,
VINAIGRETTE D'AGRUMES

Pour	g CO_2	Nutriscore	kcal	g de protéines
4 personnes	404	A	638	5

Ingrédients

4 blancs de poireaux
5 oranges
1 citron jaune
70 g de sucre
1 bâton de cannelle
1 anis étoilé
5 cl de vinaigre balsamique
20 cl d'huile d'olive

1. Lavez bien les poireaux. Mettez-les à cuire dans de l'eau bouillante salée pendant 10 min. Vérifiez la cuisson avec la pointe d'un couteau, celle-ci ne doit pas rencontrer de résistance.

2. Préparez la vinaigrette d'agrumes : prélevez le zeste du citron et de deux oranges. Pressez le citron et les oranges, mettez le jus dans une casserole. Ajoutez le sucre, la cannelle et l'anis étoilé. Faites réduire à feu doux jusqu'à l'obtention d'un sirop. Laissez refroidir. Lorsque la réduction est froide, ajoutez le vinaigre puis l'huile d'olive.

3. Déposez les poireaux dans une assiette et arrosez de vinaigrette.

VERTS DE POIREAUX EN BEIGNET,

RADICELLES FRITES, SALADE ROQUETTE

Pour	g CO_2	Nutriscore	kcal	g de protéines
4 personnes	97	A	211	7

Ingrédients

4 verts de poireaux
4 radicelles de poireaux
100 g de roquette sauvage
10 cl d'huile de noisette
200 g de farine à tempura
Farine
20 cl d'eau
Sel
Poivre

1. Blanchissez rapidement les verts de poireaux dans de l'eau bouillante salée. Rafraîchissez-les dans de l'eau glacée. Égouttez-les et étalez-les sur du papier absorbant.

2. Blanchissez les radicelles dans de l'eau bouillante salée. Rafraîchissez-les, égouttez-les et épongez-les avec du papier absorbant. Une fois sèches, passez-les rapidement dans la farine, tapotez pour en retirer l'excédent. Faites-les frire dans de l'huile de fruture à 160 °C.

3. Passez les verts de poireaux dans un mélange tempura (eau et farine) à l'aide d'une fourchette. Plongez-les dans une friteuse à 180 °C jusqu'à l'obtention d'une coloration marron clair.

4. Dressez le tout dans une assiette avec la roquette assaisonnée d'huile de noisette. Salez, poivrez.

LA
TOMATE

C'est par excellence un produit saisonnier qu'on trouve malheureusement toute l'année sur certains étals.
La saison de la tomate commence fin mai (et pas avant !) selon que l'on habite le nord ou le sud de la France et se termine fin septembre.

Il faut choisir de préférence des tomates issues de l'agriculture biologique et de pleine terre, plutôt que cultivées sous serre. Elles sont meilleures et moins polluantes. Attention aux variétés hybrides qui n'ont aucune saveur, comme les fausses cœur-de-bœuf.

SOUPE DE PÉPINS DE TOMATES
AUX OLIVES ET COUTEAUX

Pour	g CO$_2$	Nutriscore	kcal	g de protéines
4 personnes	464	B	211	11

Ingrédients

24 olives noires dénoyautées
16 couteaux
8 tomates (conservez les peaux pour la recette p. 98)
100 g de cream cheese
1 botte de ciboulette
15 cl d'huile d'olive
Sel
Poivre

1. Mondez les tomates et réservez les peaux. Elles vont vous servir pour la recette des chips de tomates (voir p. 98). Coupez les tomates et récupérez-en l'intérieur et les pépins dans un récipient.

2. Coupez finement la ciboulette, mélangez-la au cream cheese.

3. Ouvrez les couteaux, rincez-les. Faites chauffer l'huile d'olive dans une poêle. Poêlez rapidement les couteaux 2 à 3 min à feu vif. Attention à ne pas trop les cuire, ils deviendraient élastiques.

4. Dressez dans chaque assiette les pépins de tomates, ajoutez les olives, les couteaux et au centre de l'assiette une quenelle de cream cheese.

CHIPS DE TOMATES,
LENTILLES ET ŒUF MOLLET PLEIN AIR

Pour	g CO_2	Nutriscore	kcal	g de protéines
4 personnes	334	B	669	10

Ingrédients

Peaux de tomates
de la recette p. 96
4 œufs
100 g de lentilles Beluga
1 carotte
1 oignon
Huile d'olive

Pour la vinaigrette soja :
25 cl d'huile d'olive
1 cuil. à soupe de miel
1 cuil. à soupe de sauce soja
1 cuil. à soupe de moutarde

1. Faites frire les peaux de tomates dans une huile de friture à 145 °C.

2. Faites cuire les lentilles Beluga : taillez la carotte et l'oignon en fine brunoise.
Faites suer à l'huile d'olive la brunoise carotte-oignon. Ajoutez les lentilles et mouillez à l'eau froide à hauteur. Faites cuire 30 min.
Une fois cuites, égouttez les lentilles.

3. Faites cuire les œufs mollets pendant 5 min dans de l'eau bouillante salée.

4. Réalisez la vinaigrette de soja en mélangeant à l'aide d'un fouet la moutarde, le miel et la sauce soja. Ajoutez l'huile d'olive puis mélangez cette vinaigrette avec les lentilles.

5. Placez dans le fond de l'assiette les lentilles assaisonnées, l'œuf mollet sur le dessus ainsi que les chips de tomates.

CHUTNEY DE COURGETTES
ET TOMATES

Pour	g CO_2	Nutriscore	kcal	g de protéines
6 personnes	435	A	124	5

Ingrédients

6 filets de poisson déjà cuits
1 kg de courgettes
500 g de tomates
1 gousse d'ail
20 cl de vin blanc
50 g de gingembre frais
1 cuil. à soupe de curry
1 cuil. à soupe d'huile d'olive
½ botte de queues de persil
Sel

1. Mixez le gingembre et l'ail avec une tomate.

2. Taillez les courgettes et les tomates en dés.

3. Dans une casserole, mettez à bouillir le vin blanc, le curry et le gingembre mixé avec la tomate. Ajoutez les légumes, une pincée de sel et laissez compoter tranquillement pendant environ 45 min. Les légumes doivent être cuits.

4. Blanchissez les queues de persil dans de l'eau bouillante salée. Rafraîchissez-les et égouttez-les.

5. Ciselez les queues de persil.

6. Mélangez-les à l'huile d'olive et nappez le filet de poisson froid déposé sur le chutney. Ce plat peut être servi chaud ou froid.

LA
SALADE

N'oubliez pas que les salades sont aussi délicieuses cuites et que c'est un bon moyen de les consommer quand elles sont un peu flétries.

SAISONNALITÉ DES SALADES

	BATAVIA	CRESSON	ENDIVE	FEUILLE DE CHÊNE	FRISÉE	LAITUE
JANVIER	✓		✓	✓	✓	✓
FÉVRIER	✓	✓	✓	✓	✓	✓
MARS	✓	✓	✓	✓	✓	✓
AVRIL	✓	✓		✓	✓	✓
MAI	✓			✓	✓	✓
JUIN	✓			✓	✓	✓
JUILLET	✓			✓	✓	✓
AOÛT	✓			✓	✓	✓
SEPTEMBRE	✓	✓		✓	✓	✓
OCTOBRE	✓	✓		✓	✓	✓
NOVEMBRE	✓	✓	✓	✓	✓	✓
DÉCEMBRE	✓		✓	✓	✓	✓

	MÂCHE	POUSSES D'ÉPINARDS	ROMAINE	ROQUETTE	SCAROLE	SUCRINE
JANVIER	✓	✓			✓	
FÉVRIER	✓	✓			✓	
MARS	✓		✓		✓	
AVRIL			✓	✓		✓
MAI			✓	✓		✓
JUIN		✓	✓	✓		✓
JUILLET		✓	✓	✓		✓
AOÛT		✓	✓	✓		✓
SEPTEMBRE		✓	✓	✓	✓	✓
OCTOBRE		✓	✓		✓	✓
NOVEMBRE	✓	✓			✓	
DÉCEMBRE	✓	✓			✓	

LAITUE BRAISÉE
AUX LÉGUMES ET LARD FERMIER

Pour	g CO$_2$	Nutriscore	kcal	g de protéines
4 personnes	534	A	466	11

Ingrédients

4 cœurs de laitues flétries
200 g de lard fermier
200 g de carottes
1 oignon
30 g de beurre
10 cl d'huile d'olive

1. Blanchissez les laitues dans de l'eau bouillante salée, égouttez-les. Préchauffez le four à 170 °C (th. 5-6).

2. Dans un plat à gratin, versez l'huile d'olive. Ajoutez les carottes et l'oignon coupés en petits dés.

3. Ajoutez en les rangeant à plat les laitues, les tranches de lard sur le dessus et mouillez juste à hauteur avec de l'eau.

3. Posez quelques morceaux de beurre sur le dessus et laissez mijoter au four à 170 °C pendant 30 min.

TATIN DE SALADE,
SAUCE MIELLEUSE À LA CORIANDRE ET CHÈVRE FRAIS

Pour	g CO$_2$	Nutriscore	kcal	g de protéines
4 personnes	639	B	586	9

Ingrédients

2 salades flétries
150 g de pâte feuilletée
160 g de chèvre frais

Pour le caramel :
100 g de miel
100 g de sucre
10 g de beurre
½ citron

Pour la sauce mielleuse :
150 g de miel
20 cl d'huile d'olive
5 g de graines de coriandre
10 cl de vinaigre de xérès
1 cuil. à soupe de moutarde

1. La veille, préparez la sauce mielleuse : faites cuire le miel, la moutarde et le vinaigre jusqu'à obtenir une consistance sirupeuse épaisse.
Laissez refroidir à température ambiante.

2. Une fois froide, montez la sauce à l'huile d'olive comme une mayonnaise et ajoutez les graines de coriandre.

3. Le jour même : prenez 4 moules de 8 cm de diamètre et 3 cm de haut. Pour le caramel, faites chauffer le miel dans une casserole. Une fois coloré, déglacez-le avec le jus de citron et ajoutez le beurre hors du feu. Versez le caramel au fond des moules.
Préchauffez le four à 170 °C (th. 5-6).

4. Blanchissez rapidement les salades flétries dans de l'eau bouillante salée. Égouttez-les et pressez-les bien pour en retirer l'eau. Coupez-les en deux. Disposez-les dans les moules caramélisés.
Posez un cercle de pâte feuilletée dessus.
Enfournez pour 20 min de cuisson.

5. Démoulez les tatins tièdes. Servez-les avec de la sauce mielleuse et une quenelle de chèvre frais.

LE SALSIFIS ET
LA SCORSONÈRE

Attention, on confond souvent les deux. Le salsifis est blanc et long. La scorsonère est longue et brune. Elle ressemble à un bout de bois. Son goût est assez proche de celui du salsifis. Elle est récoltée d'octobre à mars. Elle nécessite une préparation importante avant de la cuisiner. Il faut la brosser et l'éplucher avec des gants car elle libère un liquide collant. Mais les efforts sont récompensés dans l'assiette tant sa saveur est fine et surprenante.

POÊLÉE DE SCORSONÈRES

AU BEURRE D'ALGUES ET ESCARGOTS

Pour	g CO_2	Nutriscore	kcal	g de protéines
4 personnes	1 239	A	507	35

Ingrédients

24 pièces d'escargots
400 g de scorsonères
(ou salsifis noirs)
50 g de beurre pommade
25 g d'algues laitue
de mer
25 g d'algues spaghetti
10 cl d'huile d'olive

1. Épluchez, lavez et coupez en tronçons de 3 cm de long les scorsonères.
Faites-les cuire pendant 15 min dans de l'eau bouillante salée.

2. Mixez au robot le beurre pommade avec les algues.

3. Égouttez les escargots.

4. Faites chauffer l'huile d'olive dans une poêle puis faites sauter les scorsonères jusqu'à obtenir une légère coloration.

5. Ajoutez le beurre d'algues et, en dernier, les escargots. Poêlez encore 2 min et débarrassez.

6. Servez sans attendre dans une assiette creuse.

SALSIFIS FAÇON RISOTTO,

CHIPS DE PATATE DOUCE ÎLE-DE-FRANCE

Pour	g CO_2	Nutriscore	kcal	g de protéines
4 personnes	1 235	B	656	9

Ingrédients

La peau d'une patate douce
400 g de salsifis
150 g d'eau
50 g d'oignons
50 g de parmesan râpé
60 cl de vin blanc
60 cl de crème liquide

1. Faites cuire les chips de patate douce à la friteuse à 145 °C.

2. Épluchez, lavez et coupez les salsifis en fine brunoise.

3. Coupez les oignons en brunoise et faites suer à l'huile d'olive.

4. Ajoutez la brunoise de salsifis. Mouillez avec le vin blanc, la crème et l'eau et faites cuire jusqu'à évaporation. Les salsifis doivent rester croquants.

5. En fin de cuisson, ajoutez le parmesan râpé.

6. Dressez dans un plat.

7. Plantez dedans les chips de patate douce.

LE
PANAIS

Le panais est un légume racine qui permet de varier les plaisirs en saison hivernale. On le trouve généralement dès le début de l'automne et jusqu'à fin février. Il ressemble à une carotte mais il est de couleur blanche. Il ne faut pas le confondre avec le persil tubéreux auquel il ressemble beaucoup. Choisissez-le bien ferme et dense.

Vous n'êtes pas obligé de l'éplucher s'il est cultivé sans pesticide. Lavez-le bien à l'aide d'une brosse.
Il a tendance à ramollir après quelques jours au réfrigérateur, mais on peut alors le cuisiner.
Il se mange cru et cuit.
Plus on avance dans l'hiver, plus le légume devient sucré.
Vous pouvez alors réaliser un dessert au panais.

PURÉE ONCTUEUSE DE PANAIS

À L'HUILE DE NOISETTE ET NOIX FRAÎCHES

Pour	g CO_2	Nutriscore	kcal	g de protéines
4 personnes	409	B	659	6

Ingrédients

300 g de panais (gardez la peau, elle vous servira pour la recette des chips de panais p. 118)
4 noix
25 cl de crème liquide
15 cl d'huile de noisette
Sel
Poivre

1. Épluchez les panais et coupez-les en morceaux.

2. Faites-les cuire à la vapeur pendant 15 min.

3. Mixez les morceaux de panais au robot ménager, ajoutez la crème.

4. Servez dans 4 assiettes creuses.

5. Répartissez l'huile de noisette et les cerneaux de noix sur le dessus.

CHIPS DE PEAU DE PANAIS,

FROMAGE FRAIS ET HARENG MARINÉ

Pour	g CO$_2$	Nutriscore	kcal	g de protéines
4 personnes	1 863	A	369	45

Ingrédients

La peau des panais
de la recette de la purée
(voir p. 116)
200 g de fromage frais de campagne
4 filets de hareng mariné
½ botte de coriandre
Sel
Huile de friture

1. Faites frire à 145 °C les peaux de panais. Débarrassez-les sur un papier absorbant et salez.

2. Ciselez la coriandre fraîche. Mélangez au fromage frais et salez.

3. Plantez les chips de panais dans le fromage frais et servez le hareng à côté.

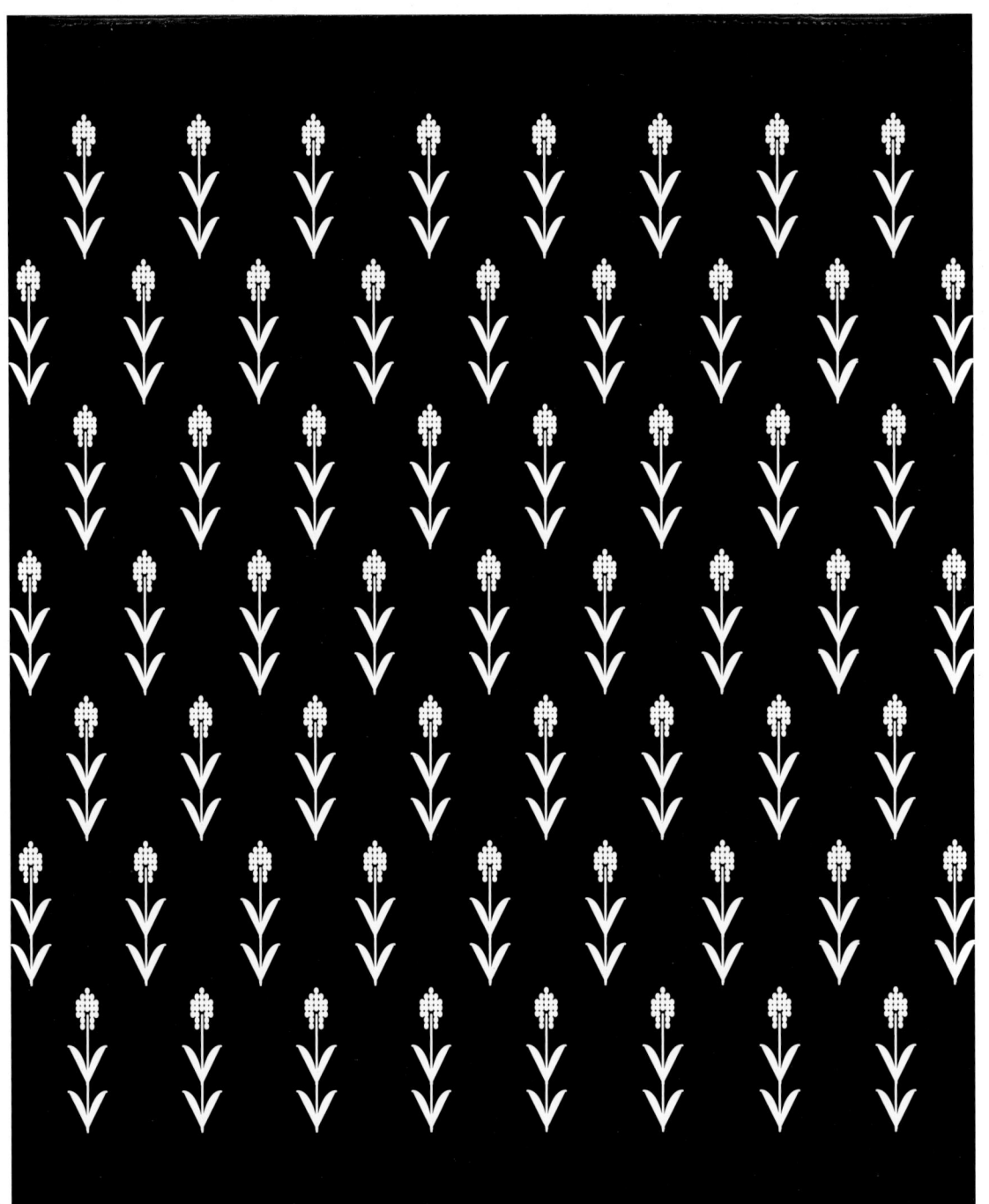

LA
POMME DE TERRE

Les pommes de terre sont dites « primeur » ou « nouvelles » lorsqu'elles sont commercialisées avant le 15 août. Leur récolte commence en général au printemps, en avril ou en mai. Elles développent un goût spécifique, souvent de noisette. Ce sont des produits à chair ferme et peau fine. Elles doivent être consommées dans la semaine suivant leur récolte. La Bonnotte de Noirmoutier est une des plus célèbres. En revanche, les pommes de terre de conservation, comme leur nom l'indique, se gardent plusieurs semaines. Semées l'hiver, elles se récoltent à l'automne et dans certaines conditions (obscurité et fraîcheur) et se gardent jusqu'à la saison suivante. Quant à la ratte du Touquet, elle est récoltée de fin août au 25 septembre. Il existe des grosses et des petites rattes. Ces dernières sont calibrées et appelées « fines de rattes ». Ces pommes de terre se conservent jusqu'au mois de mai à l'abri de la lumière. Elles se cuisent toujours avec la peau. On trouve également des pommes de terre colorées comme la vitelotte, un peu farineuse. La Corne de Gatte ou la Bleue d'Auvergne à peau violette, mais à chair blanche, ou encore la Roseval, dont la peau est rouge.

BOUILLON DE HADDOCK,

POMMES DE TERRE NOUVELLES AUX AROMATES

Pour	g CO_2	Nutriscore	kcal	g de protéines
4 personnes	811	B	315	15

Ingrédients

200 g de pommes de terre à chair ferme de type Charlotte
1 filet de haddock de 200 g
2 échalotes
1 carotte
5 cl de vin blanc
15 cl de crème liquide
25 g de beurre
1 gousse d'ail
1 botte de ciboulette
Huile d'olive

1. Retirez la peau du haddock, réservez.

2. Faites suer à l'huile d'olive les échalotes, l'ail et la carotte émincées dans une casserole. Ajoutez la peau de haddock coupée. Déglacez avec le vin blanc et mouillez à hauteur avec de l'eau. Laissez cuire à frémissement pendant 20 min puis filtrez.

3. Faites cuire les pommes de terre en robe des champs. Épluchez-les après cuisson puis coupez-les en rondelles.

4. Faites bouillir la crème liquide, ajoutez le beurre et la ciboulette ciselée. Versez sur les pommes de terre.

5. Disposez les pommes de terre au centre de l'assiette, versez autour le fumet de haddock et posez quelques tranches de haddock sur le dessus.

TARTE AU FROMAGE FRAIS,
CHIPS DE POMMES DE TERRE VIOLETTES ET BLANCHES

Pour	g CO_2	Nutriscore	kcal	g de protéines
6 personnes	609	B	306	10

Ingrédients

1 pâte feuilletée
3 échalotes
½ botte de persil plat
300 g de fromage blanc de campagne
2 pommes de terre (vitelotte et Charlotte)
Sel
Poivre

1. Préchauffez le four à 170 °C (th. 5-6). Foncez un cercle à tarte de 28 cm avec la pâte feuilletée, piquez-la avec une fourchette. Enfournez pour 25 min de cuisson. Laissez refroidir.

2. Pendant ce temps, ciselez les échalotes et le persil plat. Mélangez le tout au fromage frais, salez et poivrez.

3. Coupez les pommes de terre très finement à l'aide d'une mandoline. Faites cuire les chips de pommes de terre dans une friteuse à 160 °C.

4. Remplissez la tarte avec le fromage frais.

5. Piquez les chips de pommes de terre dans la tarte.

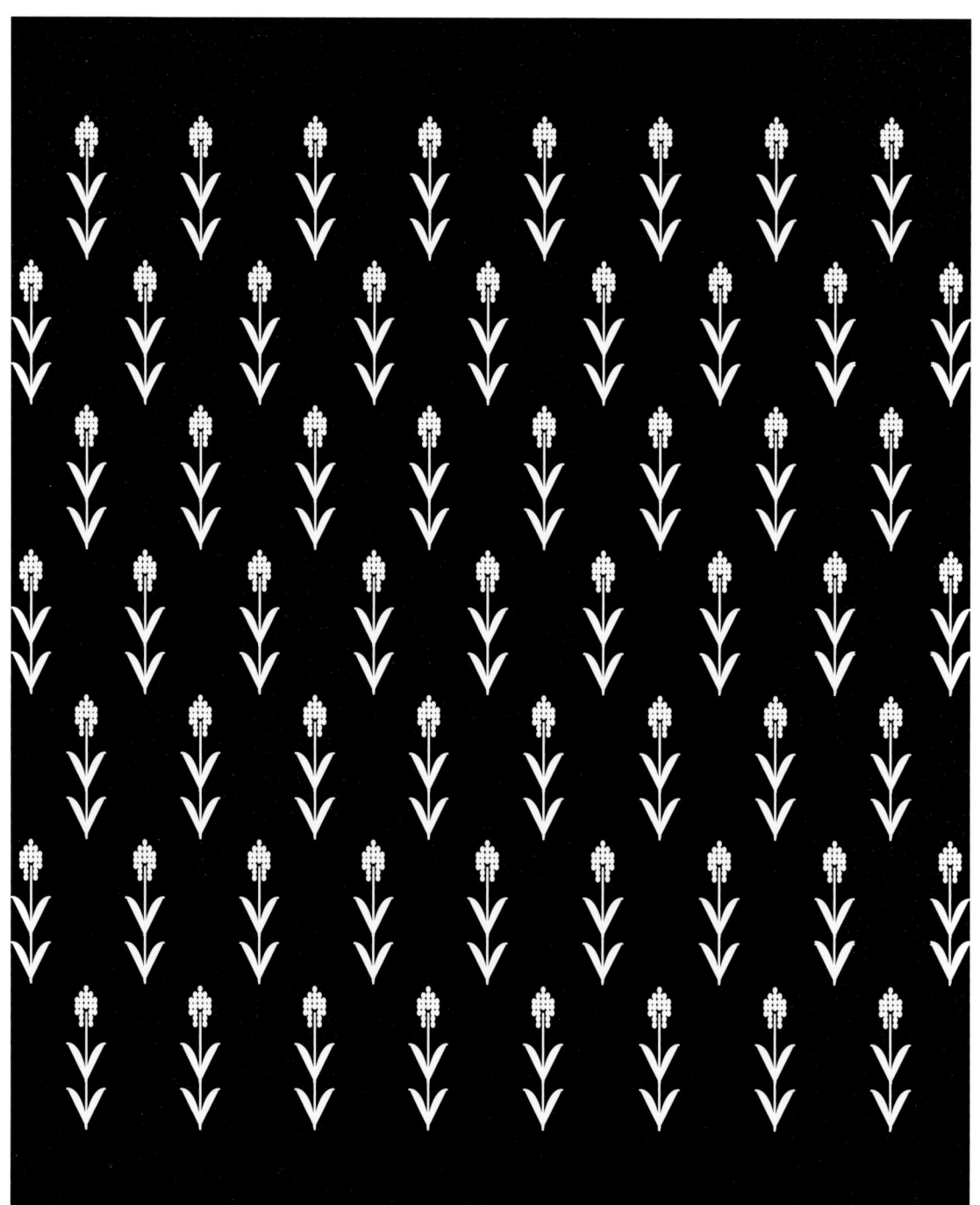

LE
FENOUIL

Le fenouil est un légume que l'on trouve toute l'année suivant les régions, par exemple de mai à novembre en Île de France. C'est un légume qui ne supporte pas la gelée.

Il a un goût anisé caractéristique.
Il ne s'épluche pas.
Tout se mange.
Il se consomme cru et cuit.
Choisissez-le bien blanc, sans tâche.

SALADE CROQUANTE DE FENOUIL

AUX ABRICOTS SECS ET AUX NOIX FRAÎCHES

Pour	g CO_2	Nutriscore	kcal	g de protéines
4 personnes	247	A	289	13

Ingrédients

Restes d'un canard (ailerons, cou, carcasse…)
12 abricots secs (coupés en dés)
8 noix fraîches
3 fenouils (gardez les tiges et les cœurs pour la recette p. 132)
2 oignons
3 branches de coriandre fraîche
2 feuilles de brick
10 cl d'huile d'olive
1 cuil. à café de vadouvan
1 cuil. à café de curcuma
Beurre fondu

1. Épluchez, émincez et faites suer les oignons à la poêle dans un peu d'huile d'olive.

2. Ajoutez la viande effilochée, les épices et la coriandre ciselée. Mélangez. Débarrassez et laissez refroidir.

3. Préchauffez le four à 180 °C (th. 6). Coupez les feuilles de brick en deux, beurrez-les et disposez la farce au centre. Roulez pour obtenir 4 cônes. Enfournez pour 10 min de cuisson.

4. Émincez les fenouils en gardant les tiges vertes et le cœur : ils vous serviront pour la recette du fenouil confit (voir p. 132).

5. Mélangez avec l'huile d'olive, les dés d'abricots secs et les noix fraîches.

6. Disposez les pastillas chaudes sur le dessus et servez.

MOUSSELINE DE FENOUIL

SOUPE FROIDE DE POISSON

Pour	g CO_2	Nutriscore	kcal	g de protéines
4 personnes	560	A	601	6

Ingrédients

Pour la soupe de poisson :
1,5 kg d'arêtes et têtes de rouget grondin
2 carottes
Les parures de 4 fenouils
1 gros oignon
20 g de concentré de tomates
3 gousses d'ail
15 cl de vin blanc
10 cl d'huile d'olive
3 cl de Ricard

Pour la mousseline de fenouil :
3 fenouils
20 cl de crème épaisse
Sel

1. Préparez la soupe : épluchez, émincez les carottes, l'oignon et les parures de fenouil.

2. Faites-les suer dans une casserole dans l'huile d'olive. Ajoutez les arêtes et les têtes de rouget puis déglacez au vin blanc.

3. Mouillez à hauteur avec de l'eau et ajoutez le concentré de tomates, l'ail et le Ricard. Faites cuire à feu doux pendant 1 h 30.

4. Passez la soupe au moulin à légumes puis au gros chinois.

5. Préparez la mousseline de fenouil : faites cuire les fenouils à la vapeur pendant 15 min.

6. Mixez les fenouils.

7. Laissez refroidir puis ajoutez la crème. Salez.

8. Servez dans une assiette creuse en y déposant la mousseline puis la soupe autour.

FENOUIL CONFIT
ET POMME CANADA RÔTIE AU FOUR

Pour	g CO_2	Nutriscore	kcal	g de protéines
4 personnes	197	B	328	1

Ingrédients

Les parures de fenouils (tiges et cœurs récupérés de la recette p. 128))
1 l d'eau
4 pommes Canada
250 g de sucre
4 noix de beurre
1 anis étoilé

1. Faites confire pendant 2 h dans l'eau et le sucre les parures de fenouil avec l'anis étoilé. Une fois confit, retirez l'anis et mixez afin d'obtenir une purée lisse.

2. Préchauffez le four à 170 °C (th. 5-6). Préparez les pommes en faisant une légère incision tout autour à la moitié du fruit.

3. Ajoutez une noix de beurre sur chaque pomme.

4. Enfournez sur une plaque avec 50 cl d'eau pour 20 min de cuisson.

5. Servez tiède avec le confit de fenouil froid.

LA
COURGE

Rondes, longues, plates, petites ou très grosses, celles que l'on appelle communément des courges offrent des qualités gustatives, de textures et de couleurs bien différentes. Courge musquée de Provence, longue de Nice, butternut, carat, pleine de Naples, courges spaghetti, pâtissons, patidou, citrouilles, potiron, potimarron… Elles se cuisinent de l'entrée au dessert. Leurs graines se consomment également. Légumes de garde, certaines courges peuvent se conserver jusqu'à deux ans : la chair en perdant son eau se densifie, elle est alors plus sucrée. À savourer dès l'automne et jusqu'au début du printemps.

POTIMARRON POÊLÉ
ET AILERONS DE VOLAILLE

Pour	g CO_2	Nutriscore	kcal	g de protéines
4 personnes	1 203	A	1 075	57

Ingrédients

16 ailerons de volaille
1 potimarron de 400 g
1 rhizome de gingembre
100 g de noisettes décortiquées
30 g de beurre
20 cl d'huile d'olive
2 cuil. à soupe de miel
Sel

1. Épluchez à l'économe le potimarron. Réservez les épluchures pour la recette des peaux confites (voir p. 140).

2. Coupez le potimarron en tranches, retirez les pépins.

3. Poêlez les tranches doucement dans une poêle avec l'huile d'olive, colorez légèrement.

4. Dans une autre poêle, saisissez les ailerons de volaille, salez. Préchauffez le four à 180 °C (th. 6).

5. Broyez le gingembre et récupérez-en le jus. Ajoutez le miel et le jus de gingembre sur les ailerons, puis enfournez pour 10 min de cuisson.

6. Torréfiez les noisettes dans une poêle à sec. Attention à ne pas trop les colorer, elles deviendraient âcres.

7. Dressez dans une assiette. Parsemez de noisettes et coriandre.

PURÉE DE POTIRON,
POÊLÉE DE PLEUROTES ET CHÂTAIGNES TORRÉFIÉES

Pour	g CO_2	Nutriscore	kcal	g de protéines
4 personnes	849	B	680	11

Ingrédients

1 potiron de 300 g
400 g de pleurotes
5 châtaignes
3 échalotes
30 g de beurre
50 cl de lait
25 cl de crème liquide
5 cl d'huile de noisette
5 cl d'huile d'olive

1. Coupez le potiron sans l'éplucher en retirant les pépins.
2. Faites revenir le potiron dans une casserole avec le beurre, ajoutez le lait et la crème.
3. Laissez cuire tranquillement pendant 45 min.
4. Mixez et vérifiez l'assaisonnement.
5. Épluchez et émincez les échalotes.
6. Poêlez les pleurotes à l'huile d'olive, ajoutez les échalotes ciselées et, en fin de cuisson, l'huile de noisette.
7. Servez autour de la purée.
8. Épluchez et émincez finement les châtaignes, poêlez-les au beurre jusqu'à obtenir une coloration claire puis parsemez-les sur le plat.

PEAU DE POTIMARRON CONFITE

ET POMME CARAMÉLISÉE

Pour	g CO_2	Nutriscore	kcal	g de protéines
4 personnes	378	A	291	5

Ingrédients

Peau de potimarron (récupérée sur le potimarron que vous avez épluché pour la poêlée)
4 pommes Canada
200 g de mascarpone
125 g de sucre (+ pour saupoudrer les pommes)
50 cl d'eau
25 g de beurre fondu

1. Mettez à confire la peau dans l'eau et le sucre 1 heure à petit feu jusqu'à obtenir une texture de fruit confit.

2. Préchauffez le four à 180 °C (th. 6). Épluchez les pommes et coupez-les en quatre.

3. Rangez-les sur une plaque préalablement beurrée.

4. Saupoudrez les pommes de sucre.

5. Enfournez pour 20 min de cuisson. Les pommes doivent être légèrement colorées.

6. Dressez les pommes dans les assiettes, la peau de potimarron confite sur le dessus ainsi que le mascarpone.

LA
CAROTTE

On peut en manger toute l'année. Il existe des carottes primeur et des carottes de conservation. Dans tous les cas, privilégiez une production près de chez vous et biologique. La carotte de Créance est une carotte d'exception (elle jouit d'une AOP) qui pousse dans les sols limoneux de la Manche. On l'appelle aussi carotte de sable. Elle est disponible en hiver. N'oubliez pas les variétés dites anciennes, qui ont des couleurs différentes (violette, rouge, jaune, blanche, rose…) et des saveurs tout aussi variées.

VELOUTÉ FROID DE CAROTTES

AU GINGEMBRE, TEMPURA DE LÉGUMES D'HIVER

Pour	g CO_2	Nutriscore	kcal	g de protéines
6 personnes	173	A	258	8

Ingrédients

Pour le velouté :
700 g de carottes épluchées (gardez les épluchures pour la recette p. 148)
200 g d'oignons
60 g de gingembre frais
25 cl de lait
25 cl de crème
Sel
Huile d'olive

Pour les légumes d'hiver :
200 g de carottes
200 g de betteraves jaunes
200 g de topinambours
200 g de farine à tempura
20 cl d'eau
Huile de friture

1. Cuisez les légumes d'hiver préalablement coupés en bâtons de 2 cm pendant 15 min à la vapeur. Laissez-les refroidir.

2. Passez un à un les légumes dans le mélange tempura (eau et farine) et faites frire à 175 °C jusqu'à coloration blonde.

3. Préparez le velouté : coupez les carottes, le gingembre et les oignons. Faites-les revenir à l'huile d'olive.

4. Versez le lait et la crème. Complétez avec de l'eau pour mouiller à hauteur. Laissez cuire à feu doux pendant au moins 30 min.

5. Mixez afin d'obtenir un velouté fin. Salez.

6. Servez froid avec les tempuras.

CRÈME FROIDE

DE FANES DE CAROTTES ET MOULES

Pour	g CO_2	Nutriscore	kcal	g de protéines
4 personnes	1 554	A	300	9

Ingrédients

1 kg de moules Bouchot
Les fanes d'1 botte de carottes
50 cl de lait
25 cl de crème
1 oignon
1 carotte
15 cl de vin blanc
Sel

1. Blanchissez les fanes de carottes dans de l'eau bouillante salée. Rafraîchissez-les dans de l'eau glacée.

2. Égouttez-les puis hachez-les au robot ménager afin d'obtenir une fine purée.

3. Salez et mélangez avec le lait et la crème. Réservez.

4. Cuisez les moules : faites suer les oignons et la carotte coupés en dés.

5. Ajoutez les moules, déglacez au vin blanc et mettez un couvercle sur la casserole.

6. Retirez du feu dès que les moules sont ouvertes.

7. Déposez la crème dans une assiette creuse puis les moules sur le dessus.

CHIPS DE PEAU DE CAROTTES,

JUS DE MOULES AU CURRY ET BRANDADE DE POISSON FROIDE

Pour	g CO_2	Nutriscore	kcal	g de protéines
4 personnes	485	B	346	9

Ingrédients

Jus de moules
de la recette p. 146
Épluchures de carottes
(récupérées de la recette
p. 144)
100 g de poisson cuit
100 g de pommes de
terre
25 cl de lait
25 g de beurre
10 cl d'huile d'olive
1 cuil. à café de curry
1 gousse d'ail
Farine

1. Faites cuire les pommes de terre en robe des champs. Épluchez-les, puis passez-les au presse-purée.

2. Mettez la purée à chauffer dans une casserole, ajoutez le beurre et le lait. Mélangez bien.

3. Ajoutez le poisson froid, l'huile d'olive et l'ail haché.

4. Récupérez le jus de cuisson des moules avec sa garniture, ajoutez le curry.

5. Passez les épluchures de carottes dans la farine, puis faites-les frire à 145 °C sans coloration.

6. Dressez la brandade au centre de l'assiette, les chips de carottes frites dessus et le jus de moules autour.

LES
FRUITS

SAISONNALITÉ DES FRUITS

	JANVIER	FÉVRIER	MARS	AVRIL	MAI
ABRICOT					
AMANDE					
ANANAS	■	■	■	■	
AVOCAT	■	■	■	■	■
BANANE	■	■	■	■	■
CASSIS					
CERISE					
CITRON	■	■	■	■	■
CLÉMENTINE	■	■			
COING					
DATTE					
FIGUE					
FRAISE					■
FRAMBOISE					
FRUIT DE LA PASSION	■	■	■	■	■
GRENADE	■	■	■		
GROSEILLE					
GROSEILLE À MAQUEREAU					
KAKI	■	■			
KIWI	■	■	■	■	■
KUMQUAT	■	■	■	■	■
LITCHI	■	■			
MANDARINE	■	■	■		
MANGUE				■	■
MELON					
MIRABELLE					
MÛRE					
MYRTILLE					
NECTARINE					
NOISETTE					
NOIX					
ORANGE	■	■	■		
PAMPLEMOUSSE	■	■	■		
PAPAYE					
PASTÈQUE					
PÊCHE					
POIRE					
POMME	■	■	■	■	
QUETSCHE					
RAISIN					
REINE-CLAUDE					
RHUBARBE				■	■

JUIN	JUILLET	AOÛT	SEPTEMBRE	OCTOBRE	NOVEMBRE	DÉCEMBRE

LA
FRAISE

On trouve des fraises presque toute l'année au rayon fruits mais attention, elles viennent de loin, ont poussé sous serres chauffées et n'ont pas beaucoup de saveur. Ce sont des variétés résistantes au transport qui ne présentent aucun intérêt gustatif et sont mauvaises pour l'environnement. Choisissez de préférence des fraises françaises, de plein champ. La saison des fraises commence au printemps et se poursuit jusqu'à la fin de l'été avec les fraises remontantes.

NAGE DE FRAISES
À LA VERVEINE CITRONNÉE

Pour	g CO_2	Nutriscore	kcal	g de protéines
4 personnes	243	B	235	1

Ingrédients

500 g de fraises plein champ
1 l d'eau
200 g de sucre
1 botte de verveine citronnée fraîche

1. Faites bouillir l'eau avec le sucre. Retirez du feu et ajoutez la botte de verveine. Laissez refroidir pour obtenir le sirop.

2. Coupez les fraises en deux ou quatre selon la grosseur.

3. Mettez-les dans un saladier.

4. Versez le sirop froid avec la verveine sur les fraises.

MARMELADE DE FRAISES
ET MUESLI

Pour	g CO_2	Nutriscore	kcal	g de protéines
4 personnes	229	A	204	4

Ingrédients

500 g de fraises bien mûres plein champ
80 g de sucre
Zeste d'1 citron
100 g de muesli nature

1. Équeutez les fraises en mettant de côté les queues, elles serviront pour une recette suivante (voir p. 160).

2. Versez le sucre sur les fraises et laissez macérer pendant 1 h.

3. Donnez une ébullition dans une casserole avec le zeste de citron. Ne broyez pas les fraises.

4. Servez avec le muesli sur le dessus et décorez de basilic pourpre.

GELÉE

DE QUEUES DE FRAISES

Pour	g CO_2	Nutriscore	kcal	g de protéines
4 personnes	130	B	207	1

Ingrédients

Queues de fraises
de la recette p. 158
8 fraises
1 l d'eau
200 g de sucre
4 g d'agar-agar

1. Mettez à infuser sur le feu les queues de fraises dans l'eau et le sucre. À ébullition arrêtez la cuisson.

2. Une fois le sirop bien rouge, filtrez et remettez à bouillir avec l'agar-agar. À ébullition, retirez du feu.

3. Versez dans 4 récipients, laissez gélifier. Posez les fraîches sur le dessus.

LA
POMME

Il existe une infinie variété de pommes : croquantes, acidulées, sucrées, farineuses… Des pommes à cuire ou à croquer, des pommes à tarte ou à compote… On trouve de nombreuses régions de production en France. Privilégiez des pommes qui ont poussé près de chez vous !

Si vous achetez des pommes issues de l'agriculture biologique, vous pourrez utiliser la peau pour réaliser des recettes. Pour le trognon, même combat, il se cuisine également. La récolte a lieu à l'automne mais les pommes se conservent très bien.
On peut donc en manger jusqu'à la fin de l'hiver.

COMPOTE DE POMMES

ET TROGNONS AUX AMANDES TORRÉFIÉES, FROMAGE FRAIS AU CITRON VERT

Pour	g CO_2	Nutriscore	kcal	g de protéines
4 personnes	142	A	226	7

Ingrédients

Pour la compote :
20 trognons de pommes
1 orange
1 citron
30 g de poudre d'amandes
25 g de sucre
50 g d'amandes effilées

Pour le fromage frais au citron vert :
150 g de fromage frais
20 g de sucre
Zestes d'1 citron vert

1. Mettez les trognons de pommes dans une casserole.
2. Ajoutez les zestes et les jus de l'orange et du citron, ainsi que le sucre.
3. Laissez compoter puis passez au tamis.
4. Ajoutez la poudre d'amandes. Mélangez.
5. Préchauffez le four à 170 °C (th. 5). Faites torréfier au four les amandes effilées, elles doivent être légèrement blondes.
6. Préparez le fromage frais : mélangez-le avec le sucre et le zeste de citron vert.
7. Placez la compote et le fromage frais sur une assiette. Parsemez les amandes sur le fromage.

GELÉE DE POMMES
AUX MARRONS GLACÉS

Pour	g CO$_2$	Nutriscore	kcal	g de protéines
4 personnes	150	B	293	2

Ingrédients

Les épluchures de
10 pommes
120 g de marrons glacés
1 l d'eau
200 g de sucre
1 citron jaune
1 anis étoilé
3 g d'agar-agar

1. Mettez à cuire dans une casserole les épluchures de pommes avec le jus et le zeste de citron, l'eau, l'anis et le sucre pendant 45 min.

2. Filtrez puis mélangez avec l'agar-agar.

3. Disposez les marrons glacés dans des bols.

4. Versez la gelée sur le dessus.

VERRINE DE POMMES ACIDULÉES,

LENTILLES CONFITES ET PANAIS AU CITRON VERT

Pour	g CO_2	Nutriscore	kcal	g de protéines
4 personnes	336	A	123	10

Ingrédients

100 g de panais
50 g de lentilles
25 g de sucre
1 anis étoilé
25 g de fromage blanc
Zeste et le jus d'1 citron vert
2 pommes Granny-Smith

1. Faites cuire les lentilles dans l'eau froide puis comptez 10 min à partir de l'ébullition.

2. Égouttez-les puis remettez-les à cuire avec 150 g d'eau, le sucre et l'anis étoilé.

3. Une fois les lentilles confites, laissez refroidir.

4. Faites cuire le panais épluché à la vapeur, mixez. Une fois qu'il a refroidi, ajoutez le fromage blanc et le zeste de citron vert.

5. Taillez les pommes en brunoise et mélangez avec le jus de citron vert.

6. Montez dans une verrine en commençant par les lentilles, la crème de panais et terminez avec la brunoise de pomme.

LE
MELON

Emblème de l'été, le melon gorgé de jus sucré se consomme habituellement cru en début ou en fin de repas. C'est un des « fruits » les plus consommés en France. Mais il appartient à la famille des cucurbitacées. C'est donc en réalité un légume. D'ailleurs le melon peut se cuisiner comme tel.
Il existe plusieurs régions de production. Le melon dit « charentais » n'est pas forcément cultivé en Charente. Il s'agit d'une appellation commerciale qu'on retrouve dans toute la France, notamment à Cavaillon, capitale du melon. Attention en cuisine, ne jetez plus la peau, vous pourrez en faire de délicieux confits.

NAGE DE MELON
À L'ANIS VERT

Pour	g CO_2	Nutriscore	kcal	g de protéines
4 personnes	219	A	262	4

Ingrédients

2 melons
125 g de sucre
50 cl d'eau
10 g d'anis vert

1. Coupez les melons en dés et réservez la peau pour la recette p. 174.

2. Faites bouillir l'eau avec le sucre et l'anis vert puis stoppez la cuisson.

3. Rafraîchissez, puis versez sur les dés de melon.

PANNA COTTA
ET PEAU DE MELON CONFITE

Pour	g CO_2	Nutriscore	kcal	g de protéines
4 personnes	1 308	B	1 108	6

Ingrédients

Pour les peaux de melons confites :
Les peaux de melon qui vous ont servi pour la nage p. 172
1 l d'eau
250 g de sucre
1 anis étoilé

Pour la panna cotta :
1 l de crème liquide
100 g de sucre
4 g d'agar-agar
Zeste d'1 citron jaune

1. Épluchez avec un économe la peau de melon afin de ne garder que la partie verte.

2. Mettez les peaux de melon dans de l'eau froide et portez à ébullition, puis égouttez-les.

3. Faites bouillir l'eau, le sucre et l'anis étoilé.

4. Remettez en cuisson les peaux de melon dans le sirop avec l'anis étoilé tranquillement jusqu'à ce qu'elles deviennent translucides.

5. Préparez la panna cotta : faites bouillir la crème liquide avec le sucre, l'agar-agar et le zeste de citron jaune.

6. Versez dans des assiettes creuses et laissez prendre au frais.

7. Une fois les panna cotta prises, plantez des triangles de peaux de melon confites dedans et dégustez.

LA
CLÉMENTINE

La Corse est le seul endroit en France où l'on cultive de façon significative des agrumes, à l'exception de Menton et ses citrons, qui représente cependant une production très confidentielle. Si pomelos, cédrats, oranges et citrons poussent sur l'Île de Beauté, la clémentine constitue l'écrasante majorité de la production d'agrumes.

Elle est la seule clémentine présente sur le marché français à être cueillie à maturité et à ne subir aucun traitement après la récolte.
La saison commence aux premiers frimas de novembre et se termine en février. N'oubliez pas que la peau de clémentine peut se confire pour préparer de bons desserts comme des cakes ou du riz au lait…

CLÉMENTINES CORSES

ET COMPOTE DE POMMES AU GRAND MARNIER®

Pour	g CO$_2$	Nutriscore	kcal	g de protéines
6 personnes	385	A	444	5

Ingrédients

4 clémentines corses

Pour la compote de pommes :

1 kg de pommes Canada
50 g de poudre d'amandes
50 g de raisins de Corinthe
25 g de sucre
Le zeste et le jus d'1 orange
5 g de Grand Marnier®
Le zeste et le jus d'1 citron

Pour les tuiles :

100 g de sucre semoule
50 g de graines de sésame
30 g de farine
30 g de jus d'orange
100 g de beurre fondu

1. Préparez la compote : épluchez les pommes et coupez-les en dés.

2. Mettez-les dans une casserole avec le jus de citron, d'orange, les zestes et le sucre.

3. En fin de cuisson, quand les pommes sont bien compotées, ajoutez la poudre d'amandes, les raisins de Corinthe et le Grand Marnier® et retirez du feu.

4. Préparez les tuiles : mélangez le sucre semoule, la farine, le jus d'orange, les graines de sésame et enfin le beurre fondu. Laissez figer au frais.

5. Préchauffez le four à 170 °C (th. 5-6). Faites de petites billes et disposez-les sur du papier cuisson. Enfournez pour 5 min de cuisson.

6. Dressez dans une assiette à votre goût.

NAGE DE CLÉMENTINES

CORSES AU CURCUMA ET PEAU DE CLÉMENTINE CONFITE

ACCOMPAGNÉE D'UN CAKE DE VOYAGE DE MON AMI NICOLAS BOUSSIN (MOF PÂTISSIER)

Pour	g CO_2	Nutriscore
10 personnes	376	B
kcal	g de protéines	
502	7	

Ingrédients

4 clémentines corses

Pour le cake :
4 œufs
200 g de sucre
200 g de miel
135 g de crème double
10 g de Grand Marnier®
165 g de farine
80 g de farine de seigle
7 g de levure chimique
90 g de beurre fondu
1 cuil. à café de gingembre en poudre
1 cuil. à café de cannelle en poudre
1 cuil. à café d'anis en poudre

Pour le sirop d'imbibage du cake :
65 g d'eau
50 g de miel
40 g de Grand Marnier®

Pour la peau de clémentine :
1 clémentine
100 g de sucre
50 cl d'eau

Pour le sirop léger au curcuma :
50 cl d'eau
125 g de sucre
1 cuil. à café de curcuma

1. Préparez le cake : fouettez les œufs, le sucre et le miel et les épices. Ajoutez la crème double, les zestes de clémentines et le Grand Marnier®. Incorporez les farines tamisées avec la levure chimique puis le beurre fondu. Préchauffez le four à 160 °C (th. 5-6). Versez dans un moule à cake beurré. Enfournez pour 50 min de cuisson.

2. Préparez le sirop d'imbibage : faites chauffer l'eau, le miel et le Grand Marnier®. À la sortie du four, démoulez le cake et imbibez-le sur toute les faces avec le sirop d'imbibage chaud et enveloppez dans un papier film.

3. Préparez les peaux de clémentines confites : émincez-les finement et blanchissez-les dans de l'eau bouillante. Passez-les au chinois puis remettez à confire dans 50 cl d'eau et 100 g de sucre.

4. Préparez le sirop léger au curcuma : faites bouillir l'eau. Ajoutez le sucre et le curcuma puis laissez refroidir.

5. Versez le sirop de curcuma froid sur les clémentines. Lorsque le cake a refroidi, coupez-le en tranches et posez des peaux de clémentine confites sur chaque tranche.

LA
POIRE

Les poires apparaissent sur les marchés dès la fin de l'été et la saison se poursuit jusqu'en hiver. La poire Williams (à partir d'août) et la Guyot (à partir de juillet) sont les plus précoces puis les Conférence et Comices arrivent à l'automne et se consomment tout l'hiver. Il en existe un très grand nombre (Passe-Crassane, Alexandrine, Beurré-Hardy…) qui ont toute une chair et une saveur spécifiques. Les poires se cuisinent en dessert, mais se marient également très bien avec des préparations salées.

POIRES RÔTIES EN CROÛTE
ET CHAPELURE AUX ÉPICES

Pour	g CO_2	Nutriscore	kcal	g de protéines
4 personnes	288	B	353	1

Ingrédients

4 poires Comice
ou Conférence
1 l d'eau
1 citron
200 g de sucre
40 g de beurre
Chapelure de pain rassis
1 cuil. d'épices à pain d'épice

1. Réalisez le sirop : faites bouillir l'eau avec le jus du citron et le sucre. Retirez du feu dès ébullition.

2. Épluchez les poires et coupez-les en deux. Gardez les épluchures qui vous serviront pour une autre recette.

3. Pochez les poires dans le sirop quelques minutes, Vérifiez la cuisson en plantant un petit couteau dans les poires, vous ne devez pas sentir de résistance.

4. Débarrassez, laissez les poires s'égoutter puis roulez-les une par une dans la chapelure mélangée aux épices.

5. Préchauffez le four à 160 °C (th. 5-6). Enfournez pour 25 min de cuisson avec une noix de beurre dessus.

6. Vous pouvez servir ces poires chaudes avec le reste du sirop.

BLANC-MANGER AUX POIRES TAPÉES

ET BRISURES DE SPÉCULOOS

Pour	g CO_2	Nutriscore	kcal	g de protéines
4 personnes	594	B	412	7

Ingrédients

Pour le blanc-manger :
2 feuilles de gélatine
200 g de crème liquide
1 gousse de vanille râpée
75 g de sucre
200 g de fromage blanc

Pour la garniture :
4 poires tapées
8 spéculoos
1 cuil. à soupe de miel

1. Épluchez les poires. Préchauffez le four à 180 °C (th. 6).

2. Faites rôtir les poires nappées de miel au four pendant 15 min.

3. Laissez refroidir, puis coupez les poires en lamelles.

4. Préparez le blanc-manger : faites tremper les feuilles de gélatine dans de l'eau.

5. Égouttez-les et faites-les fondre dans une casserole.

6. Montez la crème liquide avec la gousse de vanille râpée, ajoutez le sucre.

7. Incorporez délicatement la crème montée au fromage blanc et ajoutez les feuilles de gélatine fondues.

8. Servez avec des brisures de spéculoos sur le dessus.

POUR ALLER
PLUS LOIN

ADEME : agence de l'environnement et de la maîtrise de l'énergie. www.ademe.fr

Réseau Action Climat France : fédère les associations impliquées dans la lutte contre le changement climatique. www.rac-f.org

Un coup de fourchette pour le climat : www.rac-f.org/Un-coup-de-fourchette-pour-le-climat

Bon pour le Climat : association proposant des actions concrètes et positives pour changer nos pratiques alimentaires afin de préserver la planète et son climat. www.bonpourleclimat.org

Agir pour l'environnement : association de mobilisation citoyenne nationale en faveur de l'environnement. www.agirpourlenvironnement.org

Commissariat général au développement durable : www.developpement-durable.gouv.fr

GoodPlanet : fondation qui milite pour la préservation de l'environnement. www.goodplanet.org

Agence Bio : agence française pour le développement et la promotion de l'agriculture biologique. www.agencebio.org

FNAB : la fédération nationale d'agriculture biologique est un réseau professionnel agricole spécialisé dans l'agriculture biologique. www.fnab.org

La mer et les océans

Ethic Ocean : organisation environnementale oeuvrant pour la préservation des océans et des ressources halieutiques. www.ethic-ocean.org

Le gaspillage

Zero Waste France : association de protection de l'environnement qui milite pour la réduction et une gestion plus durable des déchets. www.zerowastefrance.org

Pour aller plus loin sur la question du gaspillage alimentaire, on peut aussi consulter les sites suivants :
www.sauvetabouffe.org
www.lescompostiers.org
www.reseauvrac.fr : association des professionnels de la vente en vrac.

Consovrac : une application permettant de repérer les acteurs du vrac près de chez vous. To Good To Go : www.togoodtogo.fr

Agriculture

Confédération paysanne : syndicat pour une agriculture paysanne et la défense de ses travailleurs. www.confederationpaysanne.fr

Amap : association pour le maintien d'une agriculture paysanne. www.reseau-amap.org

Autres

Site de la première cantine freegan en France : www.freeganpony.com

LOGOS

INDEX DES RECETTES

Poulet rôti au curcuma, pommes de terre, carottes et oignon blanc	36
Salade de poulet (de la veille), courgettes confites et coriandre fraîche	38
Bouillon de poulet, blettes de couleur et restes de viande de la carcasse	40
Filets de canette caramélisés, pommes de terre paysannes	44
Cuisses de canette, bouillon et carottes multicolores	46
Bouillon de bœuf au raifort	50
Fricassée de légumes d'hiver et onglet de bœuf façon thaïe	52
Lieu jaune, risotto à l'orange	62
Émietté de lieu jaune, ratatouille	64
Restes de lieu jaune, crème de cocos paimpolais au curry, morceaux de fenouil	66
Filet de mulet noir, poêlée de chou aux fruits du mendiant	70
Œufs de mulet aux aromates façon Tarama, semoule de pain rassis	72
Compote de chou au curry, tuiles de peau de mulet noir	74
Nage de céleri et carottes à la coriandre, poêlée de noix de saint-jacques	78
Poêlée de corail de Saint-Jacques, chips de peau de topinambour	80
Velouté chaud de Saint-Jacques, mousseline de fanes de radis	82
Blancs de poireaux, vinaigrette d'agrumes	90
Verts de poireaux en beignet, radicelles frites, salade roquette	92
Soupe de pépins de tomates aux olives et couteaux	96
Chips de tomates, lentilles et œuf mollet plein air	98
Chutney de courgettes et tomates	100
Laitue braisée aux légumes et lard fermier	104
Tatin de salade, sauce mielleuse à la coriandre et chèvre frais	106
Poêlée de scorsonères au beurre d'algues et escargots	110
Salsifis façon risotto, chips de patate douce île-de-France	112

Purée onctueuse de panais à l'huile de noisette et noix fraîches	116
Chips de peau de panais, fromage frais et hareng mariné	118
Bouillon de haddock, pommes de terre nouvelles aux aromates	122
Tarte au fromage frais, chips de pommes de terre violettes et blanches	124
Salade croquante de fenouil aux abricots secs et aux noix fraîches	128
Mousseline de fenouil soupe froide de poisson	130
Fenouil confit et pomme Canada rôtie au four	132
Potimarron poêlé et ailerons de volaille	136
Purée de potiron, poêlée de pleurotes et châtaignes torréfiées	138
Peau de potimarron confite et pomme caramélisée	140
Velouté froid de carottes au gingembre, tempura de légumes d'hiver	144
Crème froide de fanes de carottes et moules	146
Chips de peau de carottes, jus de moules au curry et brandade de poisson froide	148
Nage de fraises à la verveine citronnée	156
Marmelade de fraises et muesli	158
Gelée de queues de fraises	160
Compote de pommes et trognons aux amandes torréfiées, fromage frais au citron vert	164
Gelée de pommes aux marrons glacés	166
Verrine de pommes acidulées, lentilles confites et panais au citron vert	168
Nage de melon à l'anis vert	172
Panna cotta et peau de melon confite	174
Clémentines corses et compote de pommes au Grand Marnier®	178
Nage de clémentines corses au curcuma et peau de clémentine confite, accompagnée d'un cake de voyage de mon ami Nicolas Boussin (MOF pâtissier)	180
Poires rôties en croûte et chapelure aux épices	184
Blanc-manger aux poires tapées et brisures de spéculoos	186

**Ouvert depuis 22 ans, L'ÉPI DUPIN n'existerait pas sans l'aide
et le soutien de nombreuses personnes.**

Remerciements à :

Mes parents pour l'éducation qu'ils m'ont donnée et les valeurs qu'ils m'ont transmises.
Mon épouse Agnès qui m'accompagne quotidiennement dans l'ombre depuis le début de l'aventure.
Mes deux enfants Chloé et Siméon.
Ma première équipe le 9 mars 1995 :
Hervé Vesque, Alexandre Mathieux, Xavier Béarn, Christophe Chutet qui ont adhéré dès le début à l'esprit de L'ÉPI DUPIN.
Toutes les femmes et les hommes qui ont œuvré et qui œuvrent à la réussite de L'ÉPI DUPIN du premier jour à aujourd'hui.
Germain Barbier, mon second de cuisine depuis 7 ans.
Djikine Niaka, mon fidèle plongeur depuis 1996.
L'école de cuisine gastronomique FERRANDI PARIS pour les solides bases culinaires qu'elle m'a transmises.
Pierre Remande, Pierre Roche, Michel Mouisel…
Les producteurs et les artisans pour la qualité et la régularité de leurs produits
sans lesquels je ne pourrais pas cuisiner.

Remerciements pour la réalisation de cet ouvrage :
Emmanuelle Jary pour la rédaction des textes concernant l'environnement.
Frédéric Lucano et Jean-François Mallet pour leurs magnifiques photographies.
L'équipe de Hachette Cuisine et Laura Gélie-Mouliet pour sa patience et son professionnalisme.
Elisabeth Vallet, Laure Lamour et l'équipe de l'association Ethic Ocean (anciennement Seaweb Europe).
Toute l'équipe de Eco_2 initiative et plus particulièrement Shafik Assal et Marianne Petit.
Christelle Colbeaux, Paule Masson et Vincent Colomb de l'ADEME pour leur aide.

Les photographies de la Fraise, du Poireau, du Canard et du Poulet ont été réalisées par Jean-François Mallet.
Les photographies de tous les autres produits ont été réalisées par Frédéric Lucano.
Photographie p. 7 : © Alban Couturier.

Tous droits de traduction, d'adaptation et de reproduction totale ou partielle, pour quelque usage, par quelque moyen que ce soit, réservés pour tous pays. Pour l'éditeur, le principe est d'utiliser des papiers composés de fibres naturelles, renouvelables, recyclables et fabriqués à partir de bois issus de forêts qui adoptent un système d'aménagement durable. En outre, l'éditeur attend de ses fournisseurs de papier qu'ils s'inscrivent dans une démarche de certification environnementale reconnue.

Direction : Catherine Saunier-Talec

Responsable éditoriale : Céline Le Lamer

Éditrices : Laura Gélie-Mouliet, Lisa Grall, Céline Le Lamer et Anne Vallet

Responsable artistique : Antoine Béon

Conception maquette intérieure : Elsa Antoine

Conception couverture : Nicole Dassonville

Mise en pages : IDT

Préparation de copie : Cécilia Dupont

Fabrication : Amélie Latsch

Dépôt légal : mai 2017

ISBN : 978-2-01-356956

72-5067-7

Imprimé chez Macrolibros en Espagne

Hachette s'engage pour l'environnement en réduisant l'empreinte carbone de ses livres. Celle de cet exemplaire est de : **2 kg éq. CO_2**
Rendez-vous sur www.hachette-durable.fr